Franz Freisleder (Hrsg.)

O du heiliger Weihnachtsbaum!

Franz Freisleder (Hrsg.)

O du heiliger Weihnachtsbaum!

Vergnügliches für die
Advents- und Weihnachtszeit

BAYERLAND

Weitere Weihnachtsbücher zum Schmunzeln sind:

Josef Fendl
Die Entführung aus der Krippe
Schmunzelgeschichten für die Advents- und Weihnachtszeit
Illustrationen von Egbert Greven
ISBN 978-3-89251-372-8

Jutta Makowsky
Nikolaus und Weihnachtsmann
Vergnügliches zur Weihnachtszeit
ISBN 978-3-89251-326-0

Alfons Schweiggert
Schöne Bescherung allerseits!
Humorvoll-Satirisches zur schönsten Zeit des Jahres
ISBN 978-3-89251-373-5

Unser gesamtes lieferbares Programm und Informationen
über Neuerscheinungen finden Sie unter www.bayerland.de

Verlag und Gesamtherstellung:
Druckerei und Verlagsanstalt »Bayerland« GmbH
85221 Dachau, Konrad-Adenauer-Straße 19

Titelillustration: Egbert Greven, Iffeldorf

Alle Rechte vorbehalten.

© Druckerei und Verlagsanstalt »Bayerland« GmbH
85221 Dachau, 2014

Printed in Germany · ISBN 978-3-89251-463-3

Inhalt

Franz Freisleder: »Stiller« November 8
Jutta Makowsky: Adventskerzen..................... 9
Günter Goepfert: Kopfüber in den Sack............. 11
Franz Freisleder: Woher der Nikolaus kommt......... 14
Günter Renkl: Die Schule der Nikoläuse 16
Kurt Wilhelm: Niggelaus 19
Lieselotte Weidner: Kindermund.................... 28
Herbert Schneider: Schnulze mit Bärten............. 29
Harald Grill: Nach da Arbat 32
Wolfgang Johannes Bekh:
Hindernisse auf dem Weg zur Krippe 33
Helmut Seitz: Adspend............................ 36
Kurt Wilhelm: Vorweihnachtsgrant.................. 37
Franz Freisleder:
Von einem, der sich auf Weihnachten freut 41
Sieglinde Ostermeier: Kalenderadvent 42
Franz Freisleder: Vorweihnachtliche Grippewelle...... 45
Jutta Makowsky: Backzillus liegt in der Luft.......... 46
Annemarie Köllerer: De kloane Naschkatz 48
Bernhard Schulz: Pfeffernüsse soviel ihr wollt......... 49
Lieselotte Weidner: A bsundana Mo 52
Sigi Sommer: Kripperlmarktbericht 53
Franz Freisleder: Christkindlmarkt.................. 56
Walter Zauner: Der Christkindlmarkt-Experte........ 57
Helmut Zöpfl: Kripperlmarkt 60
Leopold Kammerer: Alles, was recht is 63
Elfie Meindl: Unser Weihnachtsspiel................. 69
Astrid Schäfer: Engel gibt's! 70

Lieselotte Weidner: Zwoa Engl aus Holz 73
Jutta Makowsky: Hosenhanna, Davids Sohn 74
Walter Rupp: Mein Wunschzettel 76
Elfie Meindl: Nur Geschenke, die sich reimen 79
Josef Fendl: Beim Christbaumstehlen 81
Annemarie Köllerer: 's Christbaamkaffa.............. 82
Helmut Seitz: Brandaktuell:
Der Bio-Christbaum mit Edel-Ständer............... 83
Franz Ringseis: Immerwährender Christbaumständer .. 84
Ingrid Hagspiel: Weihnachtswanderschaft
eines alten Bierkruges 85
Theodor Fontane: An Emilie 87
Franz Ringseis: Weihnachtspapierl suacha 88
Monika Ringseis: »Brüv« ans Christkind 90
Maria Jelen: In letzter Minutn..................... 92
Franz Freisleder: Vorweihnachtliche Signierstunde
eines bayerischen Poeten 94
Werner Schlierf: Weihnachtslesungen 95
Annemarie Köllerer: De staade Weihnachtsfeier 97
Georg Lohmeier: Der kleine Weihnachter 99
Franz Freisleder: Apropos Thomasnacht 100
Günter Goepfert:
Die Rau(sch)nacht des Alois Silbernagel.............. 101
Franz Freisleder: Herbergsuche oder:
Dreimal Wohnungsnotstand 104
Hanns Vogel: Wias Christkindl von Atzlbach
verschwunden is 105
Karl Heinrich Waggerl:
Worüber das Christkind lächeln musste.............. 110

Robert Naegele: 's Lämmle und 's Chrischtkendle 112
Franz Freisleder: 24. Dezember oder:
Irgendetwas vergessen 114
Herbert Schneider: Oh du fröhliche 116
Franz Freisleder: Arme Nachbarn................... 118
Ernst Hoferichter: Heilige Nacht.................... 119
Ludwig Thoma: Das Jesukind 123
Franz Freisleder: Weihnachtsgrüße 125
Sieglinde Ostermeier: Vorbei 126

Quellen... 127

»Stiller« November

Lassen S' ma schnell runterleiern:
Partys, Jubiläumsfeiern,
Vernissagen noch und noch,
dutzendweis »Events« pro Woch.

Stoßweis Bettelbriaf. Bazare
schrein aa nach Deim Diridare.
Schnell is da a Fuchzger weg –
is ja für an guadn Zweck.

Mechst im Kaufhaus du was kaffa,
muaßt a Guada sei im Raffa;
denn da Handel treibt zur Hetz:
»Weihnachtsgschenke bsorgt ma jetz!«

Aa de neia Faschingsprinzn
siehgst längst aus da Zeitung grinsn,
gebn si jetz scho narrisch, bläd.
Naa – staad is da November ned …

Franz Freisleder

Adventskerzen
(und was man damit machen kann)

Kerzen sind zum Anzünden da. Hohe weiße verbreiten Feierlichkeit. Mir sind die kurzen dicken lieber, rot oder honiggelb. Am schönsten sind sie in der Morgen- oder Abenddämmerung, die jetzt im Dezember zur üblichen Frühstücks- oder Nachmittagsteezeit stattfindet. So eine kleine Mahlzeit bei Kerzenlicht, möglichst noch untermalt von Barockmusik – dabei lassen sich Gedanken ordnen, Pläne machen. Stille friedliche Pläne, das kommende Weihnachtsfest betreffend. Man kann auch ein frisches Tannenzweiglein über (nicht in!) die Flamme halten; nach einer Weile fängt es an zu knistern und zu duften – ach, zu duften! Ein ganzer Kinderweihnachtshimmel tut sich da auf. Ja, denkt man da als jungverheiratete Frau, wie herrlich wird das erst sein, wenn einmal Kinder da sind ...
Dann sind Kinder da.
Sie gucken und staunen eigentlich nur in den ersten Monaten. Sobald sie greifen können, wird die Sache gefährlich. Wenn man die Kerze in Sicherheit bringt, geht das Geschrei los.
Bald lernen sie, dass man Kerzen auspusten kann. Sie pusten von allen Seiten. Versehentlich geht manchmal etwas Spucke mit, das erhöht noch den Spaß. Kuchenkrümel und leichte Dekorationsartikel werden auch mitgepustet. Der traulich gedeckte Adventstisch gleicht bald einem Schlachtfeld.
Wenn man älter und reifer geworden ist, lassen sich aber noch ganz andere Sachen mit Adventskerzen anfangen:
Man kann als Mutprobe mit dem Finger durch die Flamme fahren. Man kann mit angefeuchtetem Daumen und Zeigefinger den Docht löschen – und dies so oft, bis er sich nicht mehr anzünden lässt.
Man kann aus dem heruntergetropften Wachs Kügelchen kneten. Die kann man sich über den Tisch hinweg gegenseitig an den Kopf schießen.
Man kann den abgesoffenen Docht mit Hilfe von Essbeste-

cken wieder aufzurichten versuchen (was meistens misslingt). Halbweiches Stearin bietet der Fantasie und der Tischverschmutzung ungeahnte Möglichkeiten.
Man kann auch bei Kerzenlicht Zeitung lesen und dieselbe beim Umblättern in die Flamme bringen. Sodann lässt sich Geistesgegenwart beweisen, indem man den beginnenden Zimmerbrand mit einem gerade greifbaren Getränk, Tee oder Limo, löscht.
Man kann mit nicht mehr ganz frischen Tannenzweigen kokeln und erzielt dabei die gleiche Wirkung wie mit der Zeitung.
Letztlich – und als reifste Leistung – kann man die brennende Kerze in die Mundhöhle halten, alle Zahnplomben beleuchten und dann – wie ein gelernter Feuerfresser im Zirkus – die Flamme verschlucken. Wer das schafft, ist so gut wie erwachsen.
Soweit die bei uns erprobten Möglichkeiten zur Kurzweil in der Adventszeit. Sicher kann man noch viel mehr. Nur eines kann man auf gar keinen Fall: Durch verträumtes In-die-Kerzen-Gucken mitsamt Barockmusik sich vor den Jugendlichen blamieren. Verträumt sein im Kerzenschein – das geht nur ohne Kinder.

Jutta Makowsky

Kopfüber in den Sack

Vielleicht wäre doch noch alles gut gegangen. Aber dann sagte ich eines Tages, als daheim vom Nikolaus die Rede war, dass ich nicht mehr an ihn glaube und dass ich es ihm schon selbst sagen wolle. Ich ging gerade das erste Jahr zur Schule; da musste ich es doch wissen. Meine Mutter aber meinte, dass ich meine Ungläubigkeit schon büßen werde. Ich lachte: »Ich bin nicht so dumm, und erwischen lasse ich mich auch nicht.« Dass es mir dabei aber doch nicht ganz geheuer war, ließ ich mir nicht anmerken. Vielmehr pfiff ich beherzt vor mich hin und stahl mich auf die Dorfstraße hinaus.
Als am andern Tag der Nikolausabend heranrückte, begrüßten mich auf der dunklen Straße nur dünne, verlegene Stimmen. Und während ich fragte, wo denn die anderen geblieben seien, traten der Karl und der Sepp an mich heran und sagten mir zerknirscht, dass auch sie nicht mitmachen könnten, weil sie um sieben Uhr daheim sein müssten. Am liebsten wäre auch ich umgekehrt. Aber da standen noch die zwei Nachbarsbuben auf meiner Seite, die ich nicht enttäuschen durfte. Und so pfiff ich verächtlich durch die Zähne und sagte zu den beiden: »Auf geht's!«
Wir gingen schweigend im Gänsemarsch durch das ganze Dorf, bis wir an die Scheune vom Bichler gelangten. Hier war das Dorf zu Ende, und man konnte ein Stück des Waldwegs überblicken, der zum Huberhof führte. Von dort war noch in jedem Jahr der Nikolaus gekommen. Das wussten wir.
Die Zeit wollte nicht vergehen. Es war eine unheimliche Nacht, und wir froren abscheulich. Aber gerade, als ich mich laut zu dem Entschluss durchgerungen hatte: »Wenn es nicht gleich was wird, trollen wir uns …«, hörten wir schwere Tritte, das Gerassel einer Kuhkette und zwei uns bekannte Stimmen. Der Huberbauer, mein Onkel, unterhielt sich mit seinem ältesten Sohn über ein Pferd, das beschlagen werden sollte. So hörte es sich an. Als die zwei Gestalten aber näherkamen und das Stall-

licht vom Bichleranwesen auf sie fiel, erschraken wir; denn es war der heilige Nikolaus mit dem Knecht Ruprecht. Als sie dicht vor uns waren, gaben mir meine zwei Begleiter einen Stoß, worauf ich in den Lichtschein stolperte. Und nun hätte ich das Verslein sagen müssen: »Nikolaus, Nikolaus – schaust wie der Huberonkel aus!« So hatten wir es ausgemacht. Aber schnell besann ich mich eines Besseren und sang den einfältigen Kinderreim: »Nikolas, bring mir was – pfüat di God, i hab scho was!«

Da aber hatte mich der Pelznikl am Schlafittchen, beutelte mich, dass mir die Sterne vor den Augen tanzten. Und plumps! war ich im Sack drin, so dass nur noch meine langen Beine herausschauten. Ich schrie wie am Spieß und versprach, mich zu bessern. Die beiden aber taten, als ob sie schlecht hörten, und unterhielten sich darüber, wo sie mich nachher im Wald abladen wollten und welcher Fuchs mich fressen würde. Als ich mich gar nicht beruhigte, meinte der brave Nikolaus, er könne später ein gutes Wort für mich einlegen, wenn mein Versprechen ehrlich gemeint sei und wenn ich mich eine Zeitlang ruhig und brav verhielte. So wagte ich schließlich durch das großmaschige Gewebe des Rupfensackes zu spitzen.

Da kamen wir gerade zu den Schusterbuben, die mich so schmählich im Stich gelassen hatten. Sie beteten so brav, als hätten sie nie eine Schandtat vollbracht, und erhielten vom Nikolaus eine silberne Rute, an der ein prall gefülltes Säcklein mit Nüssen hing. Dann mussten sie meine Beine anlangen, um zu fühlen, dass sie echt und nicht ausgestopft waren. Und als man mich fragte, wer ich sei, antwortete ich ganz artig: »Das Michele vom Kramer.« Da zitterten die Schusterkinder noch mehr und wollten gleich wieder zu beten anfangen. Aber der Knecht Ruprecht sagte, dass er diesmal noch Gnade vor Recht ergehen lasse. Dann rasselte er schrecklich mit der Kette, schlug mit seiner Rute auf den Tisch und stapfte keuchend hinter dem heiligen Nikolaus her, die Straße weiter. So ging es von Haus zu Haus, von Hof zu Hof. Und überall befühlten die Kinder meine Beine, und ich musste sagen, dass

ich das Michele vom Kramer sei. Das gab mir jedesmal einen gewaltigen Stich durch mein stolzes Bubenherz.
Endlich, als wir überall gewesen waren und der Knecht Ruprecht nur mehr unter seiner lebendigen Last stöhnen konnte, meinte der heilige Nikolaus, dass sie es mit mir noch einmal probieren wollten, und sie trugen mich nach Hause. Hier öffnete der Schundnikl den Sack und ließ mich auf den Fußboden rollen, gerade vor die Füße meiner Mutter. Die tat gar nicht verwundert und sagte, dass ich dem heiligen Nikolaus schön danken müsse, weil er einen solch bösen Buben noch einmal ausgelassen habe. Da gab ich ihm pflichtschuldig meine Hand und empfing auch eine silberne Rute mit einem Beutel voller Nüsse. Der Knecht Ruprecht hätte mich noch gerne ein bisschen nach seiner Rute tanzen lassen. Doch die Mutter meinte, dass es für heute wirklich genug sei.
Später, als ich mich mit dem hölzernen Nussknackerweibl den Nüssen zu Leibe rückte, dachte ich darüber nach, warum der heilige Nikolaus das gleiche dunkle Muttermal an seiner rechten Hand hatte wie der Huberbauer, der mein Onkel war. Aber ich hielt es für klüger, vorerst nicht davon zu reden.

Günter Goepfert

Woher der Nikolaus kommt

Längst is 's bei uns scho nimmer klar,
wer eigentlich da Niklaus *war*,
von dem ma bloß zur Kenntnis nimmt,
dass er vo drauß, vom Woid reikimmt.
Koa Wunder, hörst heit doch fast bloß
vom Rudolf und vom Sänta Kloos,
wenn 's hoch kummt no vom Weihnachtsmann.
Und nimmer lang werd 's dauern, dann
steht unserm guadn Nikolaus
a neie Konkurrenz ins Haus;
des hoaßt, sie schtuit eahm *jetz* scho d' Schau.
I red vom Halloween – genau!
Gaab's ned die Schoko-Industrie,
gang's boid mi'm Niklaus ganz dahi.
Zeit werd 's drum, dass ma mehr erfahrt,
vom Heilign mi'm langa Bart.

Da Nikolaus, so ko ma 's lesn,
is Bischof drent in Myra gwesn –
a oide Stadt in da Türkei.
Sie war dem fromma Mo sei Gäu.
Ma hat so 's Jahr Dreihundert gschribn,
da hat si dort a Wirt rumtriebn
– kaum a Schlawak war damois greßer.
Der Kerl greift eines Tags zum Messer
und schlacht' drei fahrende Scholarn.
Und weil s' no zart und saftig waren,
hat er si denkt: A so a Massl;
hat Pökelfleisch draus gmacht im Fassl.

Guat, dass die dort den Niklaus ham!
Der weckt die Buam – baut s' wieder zamm.
Koa Wunder: Nach am soichan Knüller
guit er jetz ois Patron der Schüler
und werd ois Heiliger ned minder
zum Schutzpatron für *alle* Kinder.

Seit Sechzehnhundertirgendwann
klopft Niklaus jetz scho bei uns an;
tadelt und lobt, bringt milde Gaben.
Doch san im Haus recht freche Knaben,
bringt er – da huift dann aa koa Bitt –
Knecht Ruprecht, vulgo Krampus mit.

Bis heit kehrt so da Niklaus ein:
beim Turnerbund, im Gsangverein,
bsuacht d' Weihnachtsfeier vom Betrieb,
verteilt so manchen Seitenhieb.
Doch 's Scheenste is, wenn er vermummt
dahoam zu de ganz Kloana kummt.
Die kriagn no, hoin sa si ihr Sackerl,
vorm Nikolo ganz rote Backerl –
und san no koane soichan Fratzn,
die bloß sinniern: Wia kemma 'n trazzn …

Franz Freisleder

Die Schule der Nikoläuse

Jahrhundertelang hatte das System nicht schlecht funktioniert und war gut eingespielt: Alle Jahre am 5. und 6. Dezember fuhr der heilige Nikolaus zusammen mit einer beträchtlichen Schar von Hilfsnikoläusen auf einem großen Himmelsschlitten zur Erde herab, um die Kinder aufzusuchen. Je nach Schwere des Falles begleitete ihn der Krampus, denn der Nikolaus sollte nach dem himmlischen Willen vor allem eine erzieherische Funktion ausüben. Den Kindern sollte er ihre Ungehorsamkeiten vorhalten und sie durch Drohungen auf den Pfad der Folgsamkeit führen. Geschenke brachte der Nikolaus nur mit, um eine größere Panik bei seinem Kundenstamm zu verhindern. So sollte vermieden werden, dass sich Kinder bei seinem Anblick unter Tische oder in düstere Ecken verkrochen oder sonst das Weite suchten.

Missstände auf Erden wirken sich aber mit mehr oder minder großer Verzögerung auch im Himmel aus, kommt doch ein Teil der Seelen derer, die Missstände auf Erden verursachen, auch in den Himmel. So ließ es sich nicht vermeiden, dass zunehmend mehr Psychologen, Pädagogen, Soziologen, Juristen und ähnliche Wissenschaftler die himmlischen Gefilde bevölkerten, sofern sie aus katholischem Elternhaus stammten und rechtzeitig mit der Letzten Ölung versehen worden waren.

Dort beschwerten sie sich im Rahmen einer himmlischen Befragung bitter über das Vorgehen des Nikolauses und seiner Hilfsmannschaft, ja, sie sahen sogar eine Ursache für den Unfrieden auf Erden in dem nikoläusischen Verhalten. Der Nikolaus schockierte und frustrierte ihrer Ansicht nach die zarten Kinderseelen durch sein rüdes Vorgehen so sehr, dass diese aggressiv wurden und ihre Aggressionen später auf die Gesellschaft übertrugen.

So kam man im Himmel zu dem Entschluss, die Nikoläuse künftig besser geschult auf den weltlichen Nachwuchs loszu-

lassen, um zufriedene und friedliche Kinder zu bekommen, die eine ebenso friedliche Welt aufbauen sollten.
Zwar glaubten die Pädagogen zunächst, dass allein sie für die Erziehung der Nikoläuse zuständig seien. Dies ließ aber den Psychologen keine Ruhe, und sie intervenierten in einer längeren Protestkundgebung mit Unterschriftenaktion bei den herumfliegenden armen Seelen und forderten ihre Mitwirkung. Um größere Unruhe bei der himmlischen Basis zu vermeiden, wurden die Psychologen als Unterrichtspersonal eingeteilt und gleichzeitig mit ihnen die Soziologen, die sich solidarisiert hatten und die Erziehungsmethoden des Nikolauses für ein reformbedürftiges Produkt der himmlischen Gesellschaft hielten. Letztlich mischten sich auch die Juristen ein, die behaupteten, von allem etwas zu verstehen und die insbesondere darauf bestanden, das Züchtigungsrecht näher durchleuchten zu dürfen.
Die akademischen Kompetenzstreitigkeiten führten zuletzt zur Einsetzung einer gemischten Kommission, bestehend aus Engeln und Erzengeln, und diese kam nach mehrjährigen Überlegungen zu dem vom Heiligen Geist beeinflussten Ergebnis, dass die Zuständigkeit aller Wissenschaftler, die sich zu Wort gemeldet hätten, gegeben sei und dass die Reihenfolge des Unterrichts in einem Stundenplan festgelegt werden müsse. Dieser an einer großen Wolke angebrachte Stundenplan sah folgende Wochenregelung für alle Nikoläuse und Krampusse vor:

Montag: Rechtskunde mit dem Thema »Die Grenzen des Züchtigungsrechts und die Menschenwürde unter besonderer Berücksichtigung rechtsgeschichtlicher Aspekte«
Dienstag: Pädagogik und das Thema »Die Entwicklungsphasen des Kindes unter besonderer Berücksichtigung des sogenannten Trotzalters«
Mittwoch: Psychologie: »Auswirkungen frühkindlicher Neurosen auf den Alterungsprozess«

17

Donnerstag: Soziologie: »Nikolaus und Kind als gesellschaftliche Produkte« mit Diskussion
Freitag: Ernährungswissenschaft mit dem Thema »Der Einfluss von Süßigkeiten auf den menschlichen, insbesondere frühkindlichen Stoffwechsel«
Samstag: Förderunterricht für begriffsstutzige Hilfsnikoläuse und Krampusse.

Seit Jahren läuft dieses Programm schon mit großem Erfolg, und ein Ende ist nicht abzusehen, da ständig neue wissenschaftliche Erkenntnisse das vermittelte Wissen wieder überholen. Die Kinder auf Erden müssen sich derweil weiterhin mit den ungelernten Hilfskräften des Studentenschnelldienstes begnügen. Dies führt auch in Zukunft zu Frustrationen und Neurosen, die den Frieden auf Erden verhindern.

Günter Renkl

Niggelaus

Zu blöd, dass man als Student nie Geld hat. Gar, wenn einem grade das Auto in Klump gegangen ist und man ein Traummädchen kennengelernt hat, das Interesse zeigt, und einem ganz flau wird vor Freude und Verlangen nach ihr. Die Reparatur kostet ein Schweinegeld. Weihnachten steht bevor. Man möchte ihr die bibliophile Ausgabe von Oscar Wildes Märchen schenken und hat keine Knete. Mag man dann nicht, wie so mancher Student, einfach in Buchhandlungen klauen, ist man mies dran.
Ich war mies dran. Blank, kurz vor Studienabschluss, keine Aussicht, kein Angebot und keine Marktlücke zu entdecken. Sylvia war entzückend. Wir trafen uns täglich, küssten uns unsäglich und sehnten uns zueinander, aber sie hatte eine bescheuerte Familie. Stinkreich, elitär, von jener Schickeria, die ein Student so sehr hasst und verachtet, dass er zehn Jahre später alles dran setzt, um dazu zu gehören.
Sylvia sagt: »Ich pump dir was.« Ich sage: »Nein. Erstens halten deine Alten auch dich knapp, weil sie nicht wollen, dass du die bescheuerte Soziologie studierst, sondern Jus, wegen der Zukunft der Firma.« Außerdem war ich zu stolz, mich von ihr aushalten zu lassen. Sie war zwar einen halben Kopf größer als ich – und was für einen schönen – aber ich war der Mann und sie stand auf Macho. Also.
Mitten in der Pleite sagt sie, am 6. Dezember nachmittags, während wir frierend an einer Schaschlikbude spachteln: »Meine Hersteller finden niemanden, der ihnen den Nikolaus vortanzt, heute abend, für meine zwei kleinen Geschwister. Könntest du doch machen.«
»Das ist doch beknackt«, sage ich. »Ein Nikolaus muss ein Riese sein und uralt. Mindestens dreißig.« Sie aber meint: »Nix. Wir haben ein Nikolauskostüm auf dem Speicher. Da passt jeder rein. Außerdem kann ich dich da ganz lässig mit den Grufties bekanntmachen. Vielleicht akzeptieren sie dich, wenn

du ihnen aus der Patsche hilfst. Der Olle könnte dich managen oder dir 'n Job andienen. Alles drin, bei den Typen, wenn du endlich deinen Dipl.-Ing. hast und heute gut bist.«
Ich beschließe, gut zu sein, o. k., und fahr abends mit der Tram raus ins Villenviertel. Meine Mühle war ja immer noch kaputt. Sylvia hatte alles mit mir abgecheckt: 2 Stück Geschwister, 4 und 7, männlich, 3 liebe Hündchen, 2 Eltern, 2 Stück Großmütter auf der Pelle, die ständig von den guten alten Zeiten laberten, sowie 1 Papagei und 1 Dienstmädchen, jedes einzeln an die 80.
Klingeln. Höllengebell. Die Dienstmumie hat die Kette vor und öffnet einen Spalt: »Wer sind Sie?«
Ich, blöde: »Der Nikolaus.« Sie schniefelt, macht zu, ich hör sie drinnen mit den Hunden ringen. Dann geht die Türe ganz auf: »Kommen Sie rein.« Drei kälbergroße Raubtiere sausen mit rutschenden Pfoten und Geifer um die Lefzen durch die gefliese Vorhalle auf mich zu.
»Keine Angst, die tun nichts. Sie wollen nur spielen.« Zu diesem Behufe quetschen die Lieblinge mich erst mal an die Wand. Ich steh auf den Zehenspitzen, während die Greisin Kommandos bellt: »Gbsruh! – Lassas – Pfui – Sitz! – Wirds!« Es wird nicht. Die lieben Tierchen riechen den Schaschlikduft und prüfen, welche meiner Stellen sie zuerst anbeißen sollen. Während die Uralte vergeblich an ihren Halsbändern zerrt und ich innerlich nach Sylvia schreie, kommen zwei liebe Kleine dahergetollt und beäugen mich. »Wer soll'n das sein?« fragt der höher Gewachsene.
»Niggelaus«, meint der Kleine, legt den Kopf schief und fährt, Terzen singend, fort: »Niggelaus schaut dämlich aus!«
»Quatsch«, äußert der Größere. »Das is höchstens wieder so 'n Typ von der Sylvia. Zu der kommen immer solche Galgenvögel.« Die Alte macht »Ksch, ksch, verschwindet!« und setzt kopfschüttelnd hinzu, während sie die Kleinen ins Zimmer zurückscheucht und die Hunde an mir zu nagen beginnen: »Wo ihr nur immer diese Ausdrücke herhabt. Zu Hause hört ihr das doch nicht.«

»Von Papi, der is gschnappi«, singt der Kleine. »Galgenvögel, Galgenvögel!«
Es gelingt, die Hunde in der Garderobe einzusperren. Ich werde auf den Speicher geführt. Sylvia, nach der mein Herz schrie, läßt sich nicht blicken. Das Kostüm ist gute sieben Nummern zu groß. Der Umhängebart auch. Der Stiefel wegen stürze ich sogleich fünf Treppenstufen hinunter, weil ich mir in den Saum trete. Die Alte macht: »Pscht! – Darf doch niemand wissen, dass Sie da sind.« Ich will weg und sage: »Die Kinder haben mich doch gesehen.«
»Tut nichts«, sagt die Oma im Märchenton. »Die kleinen Gemüter glauben ja noch so innig an den Nikolaus. Und wenn sie dieses Kostüm sehen, haben sie Sie längst vergessen.«
»Ihr Wort in Gottes Ohr«, sage ich und falle die nächsten fünf Stufen hinunter. Die Alte führt mich wie einen Blinden vors Haus, befiehlt: »In fünf Minuten wild pochen!«, heißt mich einen schweren Sack aufnehmen, drückt mir ein Buch und eine Mordsrute in die Hand und macht die Türe zu. Ich stehe im Regen. Mir ist flau. Ich fühle mich mir fremd. Das Buch ist in Goldpapier gebunden. Aha, denk ich, Informationen, aber es ist nur ein Branchenadressbuch von 1957. Als ich mutlos blätternd suche, ob es jemanden meines Namens gab, stoße ich auf einen Zettel in steiler Frauenschrift: Tommi Zähneputzen, Wutanfälle, Schularbeiten. – Marcel: rechtzeitig Klo sagen. Nicht immer singen. Hunde quälen, lügen, und, dick unterstrichen: Zündeln! – Und dann: Sylvia, öfter zu Hause sein. Anständigen Ton, Popmusik zu laut. Und unterstrichen: Umgang!
Umgang? Bin ich das? Dahinter steht in Klammern: Mike, Charlie, Bastian. Nanu, denk ich, drei Knilche, von denen ich nichts weiß? Ich spüre, wie mir Wut-Blut in den Kopf steigt. Sollte Sylvia die Liberalitas unserer Generation missbrauchen?
Zwei Mopeds sägen daher. Drei Stinker hocken drauf wie Affen auf dem Schleifstein, sehen mich, brechen in schrille Schreie aus und stoppen. »Santakloos«, schreien sie, und

»Onkel Disney! Wow, hat der 'n Sack. Was is da drin? Wolln ma checken.« Sie hechten auf mich los, schubsen mich in die Ecke und knoten den Sack auf. Einer beginnt die eingewickelten Päckchen aufzureißen. Der zweite schmeißt Nüsse und Äpfel in den Vorgarten. Der dritte hat mich fröhlich lachend an der Gurgel. »Ihr Idioten, das ist mein Job«, stöhne ich und gebe ihn verloren.
Da tut sich die Türe auf. Die Dienstgreisin erscheint: »Was treibt ihr drei Galgenvögel da«, ruft sie singend. »Verschwindet, Lumpengesindel, sonst mach ich euch Beine!« Ich denke, dass so eine Arie für die Katz sein muss. Als sie aber mit ihrem »ksch, ksch« dräuend auf die Lederboys zuwankt, treten die tatsächlich den Rückzug an. Hohnlachend, aber sie treten. Ich atme auf und sammle Nüsse und Äpfel auf, während die Alte, ohne Atem zu holen, ihre Ansicht über die heutige Jugend kundtut, die darin gipfelt, dass man sie allesamt jeden Tag übers Knie legen sollte. Dann zerrt sie mich, samt dem ramponierten Sack, unter die Haustüre, haut mit der Faust dagegen und flüstert: »Brummen!«
Ich brumme und grunze. »Lauter«, kommandiert sie. Ich schraube meine Stimme so tief es geht und grunze und ächze lauter. Sie zerrt mich ins Haus, zur Zimmertüre, öffnet einen Spalt und ferrytaled geheimnisvoll: »Habt ihr's gehört, Kinder. Da ist wer gekommen. Wollen wir mal schauen, wer das wohl sein mag?«
Keine Antwort. Die Alte huscht hinein. »Wo seid ihr denn, meine Herzchen? Habt ihr euch wieder versteckt?« Schritte auf der Treppe. Sylvia in alt kommt aus dem ersten Stock. Sie flüstert: »Gut, dass Sie da sind« und fährt mit lauter Stimme fort: »Ja, Nikolaus, hast du den Weg zu uns gefunden?«
Ich finde, dass ich ja sagen muss und sage: »Ja – wo sind denn die Rangen?« Diesen Ausdruck hatte meine Urgroßmutter manchmal verwendet. Sylvias Mutter geht an mir vorbei ins Zimmer. Stille. Dann: »Klaus-Dieter, sind die Kinder bei dir?«
»No, wieso?« antwortet eine Männerstimme. Schritte, has-

tiges Rascheln, Poltern und Suchen. »Wo seid ihr Galgenvögel? Kommt sofort her!« Ich stehe immer noch blöde vor der Türe, den Sack auf der Schulter, die Rute in der Hand. Startbereit. Da beginnen wie auf ein Signal hin die Hunde in der Garderobe wieder wild zu brüllen, waff, waff, und donnern gegen die geschlossene Türe. »Wer zum Teufel hat die wieder eingesperrt. Ich hab' verboten, dass man sie so quält.« Ein vornehmer wütender Herr läuft grußlos an mir vorbei und befreit die drei besten Freunde des Menschen, die sich sofort wieder auf mich stürzen, und versuchen, auf meine Schultern zu springen. Es gelingt ihnen. Sie schmeißen mich um. Im Fallen denke ich noch, ich möchte weg, dann schlage ich mit dem Hinterkopf auf die glatt gebohnerten Sollnhofer Platten. Vor meinen Augen tanzen Funken. Ich fühle Geifer und heißen Atem an den Stellen meines Gesichts, die der Bart frei lässt. Dazu erschallen fröhliche Kinderstimmchen: »Fass, Batman, Goofy, Dracula, fass«, ruft die eine. Und »Friss den blöden Niggelaus«, singt die andere.
Es erfordert viel Kommandogebrüll, ehe die Hundchen motiviert werden, nicht mehr mit mir zu spielen, und bis man mich aufrichtet und in die Wohnhalle führt. Tommi haut mir dabei mehrmals kräftig in die Kniekehlen. »Der Zombie is mein Feind, ich mach ihn dot«, äußert er in grimmig-selbstbewusstem Fernsehton und schießt aus einer galaktisch geformten Strahlwaffe Wasser auf mich, was ihm einen sanften Tadel seines Vaters einträgt. Nun kann der Festakt beginnen.
Mutter steckt den Adventskranz an und macht mit dem Dimmer Schummerlicht. Sylvia ist immer noch nicht erschienen. Ich recke mich würdig und grunze: »Wen haben wir denn da? Den kleinen – äh …« da fällt mir doch der Name nicht ein, so brummt mir der Schädel von dem blöden Sturz vorhin.
»Tommi, und den lieben kleinen Marcel«, haucht die begeisterte Mutter. Ich bin zu verwirrt, um mehr herauszubringen als: »So ist es, jaja«, das Buch aufzuschlagen, den Zettel zu suchen und zu sagen: »Wollen mal sehen, was im himmlischen Buch verzeichnet ist über die beiden.«

»Isses falsche«, kräht Tommi, der nun doch ein wenig ängstlich dreinschaut. »Isses Brankschenbuch vom Speicher, kenn ich, steht nix drin.«
Ich, sehr schlagfertig: »Da irrst du dich, mein kleiner Mann. Dies ist das Himmelsbuch, in dem alle eure Taten stehen. Was haben wir denn da? Hm, aha, soso, jaja?« Ich mache es spannend. »Oh, oh, oh, was ist denn mit dem Zähneputzen, mein kleiner Tommi, hm?«
»Och, lohnt sich nich. Die blöden Milchzähne fallen ja doch bald raus«, meint der Hosenmatz. Was soll man darauf antworten. Ich wechsle zum nächsten Anklagepunkt: »Und deine Schularbeiten, hm?« Da fällt mir doch der Vater in den Rücken: »Die macht er in letzter Zeit ganz brav, lieber Nikolaus.«
»Hör mal«, faucht Mama dazwischen. »Brav nennst du das? Abschreiben tut er alles.«
»Das ist o. k.«, begütigt der stolze Erzeuger. »Das kannst du streichen im Himmelsbuch, lieber Nikolaus.« Tommi gerät in Wut und kreischt: »Ja, streichen! Alles streichen! Immer soll ich der Galgenvogel sein! Das stinkt mir.« Dass er gar so brüllt, gibt mir Gelegenheit zu Punkt drei: »Und deine Wutanfälle, Tommi?! Die sehen die Englein im Himmel gar nicht gern!«
»Scheiß Englein«, brüllt Tommi und läuft rot an. »Wenn immer alle auf mir rumhacken, wird man sich ja noch wehren dürfen! Mist, verdammter!«
»Tommi, benimm dich!« Nun kriegt auch Mama so einen roten Kopf. Und als Papa sagt: »Er hat eben Temperament, das ist in Ordnung«, schreit sie, genau wie vorher Tommi: »So, in Ordnung! Mist, verdammter!« »Ja, in Ordnung«, brüllt nun wieder Tommi. »Streichen! Alles streichen, den ganzen Salat. Und was krieg ich geschenkt?« Er beginnt im Nikolaussack zu wühlen. Mama reißt ihn zurück: »Warte gefälligst! Erst dein Brüderchen. Wo ist denn der liebe Marcel?«
Ja, wo ist er denn? Davongehoppelt. Er kommt erst, als alle lange und laut nach ihm schreien aus dem Nebenzimmer und trägt den Papagei auf Händen. Dem ist das nicht recht. Er schlägt mit den gestutzten Flügeln und stößt schrille Schreie

aus. »Brav, Tarzan, brav. Da, beiß den Onkel Niggelaus, jag ihn aus'm Haus hinaus«, singt Marcel liebevoll.
Die Mutter: »Marcel! Wie oft hab ich dir gesagt, du sollst den Vogel nicht anfassen. Der ist bissig!« Und Papa: »Setz ihn sofort auf den Stuhl, aber ganz vorsichtig!«
»Niggelaus beißen, Haus rausschmeißen«, singt der Kleine unbeirrt und schleudert den exotischen Terroristen auf meinen Bauch. Der flattert, schreit gellend, beißt sich an meinem Bart fest und ist nicht abzuschütteln. Ich jage verzweifelt durch die Wohnhalle. Komme an Tommi vorbei. Der hält mich am Gewand fest, greift sich den Vogel, der brav auf seine Hand klettert und trägt ihn wortlos ins Nebengemach. Die Familie sieht atemlos zu. Niemand spricht. Tommi kommt zurück, klopft die Hände ab und sagt knapp und sachlich zu mir: »So. Weiter. Nu der Kleene.« Ich blicke beschämt in das Goldene Buch und will mich eben dem Jüngsten zuwenden, als sich die Türe auftut und meine Sylvia dasteht. Im Nu vergesse ich alles, außer ihr. »Schön, dass du da bist, mein lieber Nikolaus«, strahlt sie mich an.
»Schön, dass du da bist, meine liebe Sylvia«, entgegne ich und stapfe zu ihr. »Von dir hört man ja schöne Sachen. Du treibst dich mit Charly und Bastian und Mike rum, he? Schickt sich das? He?«
Sylvia reißt die Augen auf: »Aber Nikolaus, das sind doch nur harmlose Kumpels aus der Stammkneipe, weiter nichts.« Ich fühle mich zwar ein wenig erleichtert, mag ihr aber nicht glauben. »So?« donnere ich, »wieso müssen sich dann himmlische Heerscharen wegen solcher Galgenvögel Sorgen machen, du verworfenes Geschöpf?!« Da kriegt Sylvia schmale Augen, zischt leise: »Halt die Klappe«, und setzt laut hinzu: »Willst du nicht erst den lieben kleinen Marcel prüfen und wir reden später, he?!«
»Mag nich blöden Niggelaus. Schmeiß 'n.ause Stube raus«, singt der Knirps. Ich gehe drohend auf ihn zu: »So, du magst mich nicht, aha! Wer sagt denn, dass der Nikolaus dich mag? He? Glaubst du, der mag Kinder, die böse Verse singen?«

»Singa so schöön«, meint der Knirps verklärt und milde lächelnd, indem er sich in den Hüften wiegt und kokett den Kopf zur Seite neigt. Die Eltern schnaufen gerührt. »Und die lieben Hundchen? Darf der Marcel die quälen?«
»'pielen«, lispelt Marcel, »mitti Hundi 'pielen. Isa lustig fürn Marcelliebling.« Er wirkt entwaffnend, in seiner träumerischen, lächelnden Zartheit. Ich setzte zum dritten Schlag an: »Und was is mit dem nicht rechtzeitig sagen, wenn man aufs Klo muss, hm?«
Marcels Verklärung erreicht den Höhepunkt: »Wieder nich 'sagt«, haucht er. Ich weiß im Augenblick nichts mit der Antwort anzufangen, aber Sylvia erbleicht: »Marcel – hast du schon wieder –« Und der singt innig: »Nixi wissen, Hosi schissen.« Ich rieche es, als ich mich vorwurfsvoll zu ihm hinunterbeuge und leise mahne: »Aber Marcel, vor mir, vor dem Nikolaus.« Da reißt er mir blitzschnell den Bart ab und bricht in ein infernalisches Triumphgeheul aus. Tommi ist genauso fix. Er reißt mir die Mütze vom Haupt und beide Jungkapitalisten tollen im Zimmer herum und schwenken sirenengleich heulend ihre Trophäen. »Isse nich da Niggelaus!« »Is der Galgenvogel von der Sylvie!« jauchzen sie. Ich stehe belemmert da, entblößt und weitgehend ich selbst. Sylvia zischelt: »Idiot!«, die Eltern suchen ihre Brut zu haschen. Als sie Marcel fassen und ihm meinen Bart wegnehmen wollen, wirft der ihn Tommi zu, der ihn sofort am Adventskranz entzündet. Das Kunststoffgebilde wird zur fauchenden Flamme, Tommi schmeißt den Brand auf den Teppich, Papa gurgelt Laute, will löschen, erwischt aber statt der Mineralwasserflasche die mit dem Cognac und facht so ein wunderhübsches Feuer an. Mama kreischt vor Wut. Papa zieht seine Jacke aus und wirft sie über die Flammen, in der Absicht, dieselben zu ersticken. Die Flammen verstehen aber seine Absicht falsch und setzen nun auch das Jackett in Brand, was die Schreierei zügellos werden lässt. Die Urmagd rennt jammernd in die Küche. Papa folgt ihr, nach einem Eimer Wasser röhrend, die Flammen züngeln, Mama kreischt mit dem Papagei um die Wette, die Kindlein hopsen

vor Freude, patschen in die Händchen und rufen ein über das andere Mal:
»Schön is es mi'n Niggelaus, endlich brennt das ganze Haus!«
Ein Wasserguss löscht die Flammen auf der schmorenden Auslegeware. Der Rest wird ausgetrampelt. Das Inferno weicht einer Ernüchterung. Ich schleiche auf Zehenspitzen zur Tür und will mich verdrücken. Dort begegne ich zwei alten Ladies, die mit leuchtenden Mienen in feinem Ton jubeln: »Da geht's ja hoch her. Wir haben's bis in den zweiten Stock gehört. Ist der Nikolaus schon da? Ist es so lustig mit ihm?«
»Ja, liebe Omas«, knirscht Sylvia und verdreht die Augen gen Himmel. »Der, den wir dieses Jahr hatten, der war der beste Nikolaus aller Zeiten!«
Dies waren die letzten Worte, die ich von ihrer lieblichen Stimme vernehmen durfte. Sie sprach fürderhin nicht mehr mit mir. Sie sagte nur zu Mike, mit dem sie von nun an dauernd zu sehen war, als der sie nach mir fragte – er hat es mir spater erzählt: »So eine Niete sollte nicht unter Menschen dürfen.«
Wie mein fernerer Lebenslauf zeigte, hatte sie damit nicht ganz unrecht.

Kurt Wilhelm

Kindermund

Der junga Mutta gfoit's net guat,
was auf da Straßn se so tuat.
Im Gsicht werd s' langsam kasiweiß:
Da kemma glatt siebm Nikoleis.

Und scho hebt s' o und will erklärn,
warum de Manna hierher ghörn.
Ihrm Maxl, moant s', der wo no glaubt –
werd jetzt des Glück auf oan Schlag graubt.

Doch anders kimmt's, wia sie's gedacht:
Weil dees ihrm Buam koan Kumma macht,
bleibt sie von jedem Gram verschont,
denn 's Maxerl sagt: »Der Mo is kloont!«

Er sagts so ernst und übalegn,
für d' Muatta is 's a wahra Segn,
dass Kinderglaubm zu jeder Zeit
de kloana Seeln von Not befreit.

Ma solltat davo profitiern,
gedanklich oiß zum Guadn führn,
und fallat uns koa Ausweg ei,
na müaß ma gscheid wia d' Kinda sei.

Lieselotte Weidner

Schnulze mit Bärten

Es ist der Abend des 5. Dezember. Schaurig fegt der Winterwind durch den Bergwald, zaust die Zweige, dass sie wie Peitschen durch die Luft knallen. Bleich wie ein Gespenst geht auf der Lichtung der Mond spazieren. Hirsch und Reh, Has und Fuchs haben sich längst verbittert in ihre Gehege zurückgezogen. Auf deutsch: Es ist eine Witterung zum Speibn!
Da erschallt unvermutet ein tückisches Lachen im Unterholz. Man hört Äste knacken, und heraustritt der Silber-Jackl, der berüchtigste Wilderer weitum. Doch wie sieht er aus!
Der mit allen Wassern gewässerte Bursche hat sich – ausgerechnet er! – als Nikolaus verkleidet. Mit Mitra und wallendem Mantel, mit weißem Falschbart und mit dem Bischofsstab in der Hand, in dem sich der todbringende Stutzen verbirgt, pirscht er den Waldrand entlang. Selbst auf den Sack mit Äpfeln, Nüssen und Kletzenbrot hat er nicht vergessen.
Gell, Jackl, wenn dich jetzt dein Todfeind, der Förster, aufspürte, dann würdest du sagen, du seist unterwegs zu den Kindern deines Bruders in Randolfszell. O du gemeiner Hund, der dir nichts, aber auch schon gar nichts heilig ist!
Nun fängt es auch noch zu graupeln an. Sind schon Graupeln in der Suppe widerwärtig, so erst recht jene, die nass und kalt in freier Natur fallen! Dem Jackl aber kommen sie wie gerufen als Tarnvorhang.
Doch verlassen wir den wüsten Gesellen, und suchen wir für ein Viertelstündchen die behagliche Stille des nahen Forsthauses auf. In der geschmackvoll mit ausgestopften Vögeln eingerichteten Stube blickt ein Büblein in lockigem Blondhaar zu seinem Mütterlein auf und richtet folgende Worte an es: Wann tommelet er denn, der Herr Likomaus, ha?
Wart nur, bald wird er tommeln, antwortet die schmucke Försterin, die Sprechweise des Kleinen liebevoll nachäffend. In ihren Augen leuchtet der Widerschein familiären Glücks. Gemütlich rasselt die Uhr an der Wand wie ein alter, asthma-

tischer Großvater. Auf der Ofenbank schnurrt ein schwarzer Kater mit dem oberbayerischen Gebirgsschweißhund Waldmann um die Wette. Und der Kachelofen speit, was er nur speien kann.
Gehen wir einen Stock höher. In der Intimität des Elternschlafzimmers zieht sich Förster Franz-Xaver zum »Likomaus« um. Lächelnd über die drollige Bechstubenverwachslung seines Söhnchens schlüpft er in den goldbestickten Mantel, zieht die großen Filzstiefel über und setzt die Bischofsmütze aufs Haupt, das praktischerweise bereits von einem Naturbart umrahmt ist.
Doch horch, war da nicht ein Schuss gefallen? Der Förster reißt eine Büchse aus dem Gewehrschrank und stürmt in seinem Bischofsornat in die Nacht hinaus. Franz-Xaver, Franz-Xaver, schallt es klagend hinter ihm her. Doch der Pflichtbesessene achtet der wehen Rufe nicht.
Über den Wildenholzer Schlag ruft ein Käuzchen sein schauriges Uruguru. Dem anschleichenden Förster stockt das Blut in den Arterien: Ein heiliger Nikolaus kniet da vorne am Boden und weidet einen Rehbock aus! Geduckt hinter einer Fichte bringt der Förster seine Büchse in Anschlag. Dann tritt er vor. Ein saumäßiger Zorn steigt in ihm hoch. Hund, elendiglicher, ergib dich, oder i schiaß! schreit er.
Höllsakratuifl! Fluchend wirft sich der Silber-Jackl herum und sieht, dass es ebenfalls ein Nikolaus ist, der ihn gestellt hat. Etwa gar der echte? Langsam hebt er die Hände. Dann winselt er: Heiliger Nikolaus, hör mich an! Ich wollt die Kinder meines Bruders bescheren, drüben in Randolfszell, und wie ich durch den Wald geh, springt mich der Rehbock an. Ich hab in Notwehr gehandelt, in reiner Notwehr!
Jetzt endlich erkennt der Förster, wen er vor sich hat. Silber-Jackl, donnert er, schreckst nicht einmal vor dem Heiligsten zurück, du Frevelbube? Aber wart, jetzt hat dein letztes Stünderl gschlagen.
Halt ein, Franz-Xaver, halt ein! Aus der Ferne zirpt ein zartes Stimmlein über den Schlag. Likomaus, Likomaus, ruft es

klagend. An der Hand seiner sterbensbleichen Mutter tritt des Försters Büblein auf den Plan.

Verwundert reibt sich der Kleine die Augen. Gleich zwei Likomäuse, ruft er beglückt. Seine Augen strahlen. Er beginnt, ein Gedichtlein aufzusagen. Da wird dem Silber-Jackl gar seltsam ums Herze. Er kramt in seinem Sack und schenkt dem Büblein seines Todfeindes der Nüsse, Äpfel und Kletzen gar viele.

Eigenartig bewegt lässt nun auch Förster Franz-Xaver sein Gewehr sinken. Woaßt as no, Jackl, spricht er gerührt, wias d' mi beinah amoi daschossn hättst? Des wer i dir nia vagessn!

Nun mischt sich auch die Försterin, diese edle, vornehme Dame, ins Gespräch: Wissts was, ihr Nikoläus, sagt sie, jetzt gehma olle mitanand hoam, macha uns a Hafal Kafä und dankn an Herrgott, dass die Gschicht net so tragisch nausganga is, wia s' leicht nausgeh hätt kenna!

Herbert Schneider

Nach da Arbat

wenn a hoamkummt,
hot da niklo durscht

wenn a hoamkummt,
hot da niklo hunga

wenn a hoamkummt,
ziagt da niklo
seine schuah aus,
wals n so druckt ham –

der is holt
aa grod a mensch,
da nikolaus

Harald Grill

Hindernisse auf dem Weg zur Krippe

Am ersten Adventsonntag zu früher Abendstunde versammelte sich wie jedes Jahr die Familie des Schneidermeisters Loipferdinger in Taign bei Erding um den Adventkranz. Die Mutter zündete die erste Kerze an. Der Vater hatte – wie jedes Jahr – ein Bild auf den Tisch gestellt. Es zeigte Johannes den Täufer, wie er gerade zu den Menschen sprach.
Der Vater erzählte: »Johannes der Täufer ist der letzte und größte der Propheten. Er hat den Menschen damals gesagt: Macht euch bereit. Der Herr kommt bald. Räumt alle Hindernisse aus dem Weg!«
Dann schickte der Vater noch eine Frage nach. Diese Frage war an seine Kinder gerichtet, die andächtig um den Tisch saßen, den Glanz der flackernden Adventkerze in den Augen.
»Ich finde, was Johannes der Täufer gesagt hat«, begann er, »passt gut für den Advent. Könnt ihr euch denken, warum?«
Martin, der in der Dorfkirche Ministrantendienste versah, hatte gleich eine Antwort bereit: »Weil wir im Advent darauf warten, dass der Herr kommt – nämlich als Kind in der Krippe.«
»Aber da gibts doch keine Hindernisse zum Wegräumen!«, wunderte sich die kleine Anna.
Sie dachte an die schöne Weihnachtskrippe, die in der Stube alljährlich aufgebaut wurde. Für diese Krippe war doch noch immer Platz zwischen dem Kachelofen und der Stubentür gewesen!
»Geh!«, rief Martin und machte eine wegwerfende Handbewegung. »Johannes der Täufer meint doch ganz andere Hindernisse!« Er brüstete sich ein wenig mit seinem Wissen. »Der Herr Pfarrer hat gesagt: Wenn einer frech oder faul oder gar unehrlich ist, so ist er auch ein Hindernis.«
»Stimmt!«, antwortete der Vater. »Wer so ist, hat den Weg zur

Krippe nicht frei gemacht. Er hat nicht verstanden, mit was für einem Geschenk uns Gott an Weihnachten Freude bereitet!«
Dann wurde er deutlicher: »Aber ich kenne auch noch andere Hindernisse: Denkt nur an die vielen Sachen, die jeder Mensch besitzt, sogar jedes von euch Kindern!«
Dem Buben ging jetzt ein Licht auf: Er dachte an seine elektrische Eisenbahn. Da fiel ihm ein, dass er schon einmal die Messdienerstunde versäumt hatte, weil er sich von dem Eisenbahnspiel nicht losreißen konnte.
Die kleine schwarzhaarige Anna blickte verständnislos in die Runde. Aber auch für sie hatte Martin ein Beispiel: »Wenn du immer brüllst wie am Spieß, weil die Maria dir einen Filzstift wegnimmt, ist eben bei dir der Filzstift ein Hindernis«, erklärte er wichtigtuerisch. Im selben Augenblick schämte er sich ein wenig, dass er so flink im Auffinden der Fehler seiner Schwester war.
»Auf jeden Fall«, beschloss die Mutter dieses Gespräch am ersten Advent, »müssen wir mit unseren vielen Sachen auf Johannes den Täufer hören, der sagt: ›Räumt die Hindernisse aus dem Weg.‹ Alle Sachen richtig gebrauchen – unsere Baukästen, unsere Zusammensetzspiele, unsere Stofftiere, unsere Puppen, unsere Modellautos –, auch aufhören können, wenn die Pflicht ruft, auch den anderen etwas gönnen und auch etwas herschenken können von dem, was wir im Überfluss haben! Was meint ihr, ob wir uns in dieser Adventzeit einmal darum bemühen wollen, alle zusammen?«
Die Kinder nickten.
Als die Mutter aber am nächsten Nachmittag im Kinderzimmer nachschaute, misstrauisch, weil es ihr dort gar so verdächtig ruhig vorkam, im Gegensatz zu sonst, wo immer einmal wieder ein Geschrei und Gestreit herauszuhören war, musste sie zu ihrer Verblüffung sehen, dass Martin mit Feuereifer dabei war, die schönsten Spielsachen in eine große Schachtel zu packen. Nicht er allein aber war es, der sich von seinem Überfluss geliebter Dinge trennte – auch die Schwester Anna half heftig mit, ja die blondzopfige Maria sogar, die kleinste,

erst vierjährige, schleppte eine Puppe herbei und ließ sie in der Schachtel verschwinden.

»Für die Kinder«, erklärte Martin seiner sprachlosen Mutter, »die weniger haben als wir, für die Armen! Der Papa muss das alles morgen zu der Caritas hinfahren!«

Die Mutter war ratlos. Denn sie erstaunte nicht nur, sie erschrak auch ein wenig, so unvermutet feststellen zu müssen, auf welch fruchtbaren Boden ihre Worte gefallen waren. Und als die gute Frau an ihre eigenen Besitztümer, an die gewiss nicht unmäßigen, aber doch ganz schön beruhigenden und keinesfalls bei allen Menschen selbstverständlichen Habseligkeiten, an die Schmucksachen, an den Kraftwagen in der Einstellhalle und an den Pelzmantel dachte, da wurde ihr ein wenig sonderbar zumute.

Wolfgang Johannes Bekh

Adspend

Der Mensch, wird's ihm ums Herz adventlich,
zeigt sich spendabel und erkenntlich
und überweist rasch etwas Geld
ans Hilfswerk für die Dritte Welt.

Desgleichen zeigt er nun Erbarmen
auch für die Ärmsten und die Armen
in diesem, unserm reichen Land –
und hat das Scheckbuch schnell zur Hand.

Auch für die Lahmen und die Blinden
lässt sich noch manch ein Scherflein finden:
Wenn's Weihnacht wird, dann wird zugleich
sogar der Mensch von heute weich.

Und außerdem schlägt's ja noch heuer
sich mindernd nieder auf die Steuer,
weshalb's besonders leicht fällt nun,
zum frohen Fest recht wohl zu tun …

Helmut Seitz

Vorweihnachtsgrant

Von Herzen grantig schlenderte der Karl über den abendlichen Christkindlmarkt. »Einen neuen Baumschmuck bräuchten wir. Tu halt du auch amal was – immer hängt alles an mir und du markierst den Pascha«, hatte seine Frau gesagt, in jenem Ton, in dem ein Ehekrüppel und Vater einer fünfjährigen, stets quengelnden Tochter so etwas unter die Nase gerieben bekommt. Nun stiefelte der Karl gottergeben und in tiefer Lustlosigkeit herum und konnte sich nicht entschließen. Schmuck gab es genug, in Hülle und Fülle, wie man so sagt, aber ihm schien alles zu perfekt und unpersönlich.
Die Ohren voll vom Gedröhn überinstrumentierter Weihnachtslieder aus phonmächtigen Lautsprechergruppen, die Nase alle paar Meter von neuen Gerüchen malträtiert, die so gar nichts vom Weihnachtsduft der Kindheit hatten, gedrängt und geschoben von der Menge, zeterte Karl lautlos in sich hinein: Fest der Erpressung – sinnentleerte Formalie – kommerzialisierte Wonnewelt voll Überflüssigkeiten! Die hat nichts, aber auch gar nichts mehr von jenem Zauber, den sie in meiner Jugend verströmte, von den Geheimnissen, der Erwartung, der Erregung, und all der Zartheit. Christkindl, Kerzenschein und silberner Glöckchenklang – dass ich nicht lach! Wo denn? Und für wen? Meinen Eltern hab ich seinerzeit Selbstgebasteltes geschenkt, Selbstgemaltes, das wochenlang geheimnisvoll in einem Versteck entstehen musste. Heute kauf ich – oder schenk gleich ein Geld, damit der Beschenkte sich selber was kauft und nicht erst lange umtauschem muss. Da der dann meist nicht weiß, was er sich wünscht, gibt er's für irgendwas Alltägliches aus. Nein, Weinachten ist nichts mehr, vorbei, hat sich überlebt. Man glaubt ja auch nicht mehr. Nicht einmal der mythische Hintergrund ist erkennbar. Verkündigung, Engel des Herrn, die Hirten auf dem Felde? Historie. Märchenbuch, Weihrauch, nicht einmal mein quengelndes Töchterlein ist daran interessiert.

Lustlos erstand der Karl ein Set maschinell gefertigter Glasfiguren, sowie genügend Lametta und erwog einen Augenblick, seine Frau mit einer Baumkugel zu ärgern, in die ein Spielwerk eingebaut war, das eine halbe Stunde lang ohne eine gnädige Pause die »Stille Nacht« des Lehrers Gruber pingelte. Er ließ es dann aber doch sein.
Beim Umwenden zum Heimgehen rannte er in jemanden hinein, murmelte in bajuwarischer Höflichkeit: »Öha« – und wurde freudig gegrüßt. Der Angestoßene war ein Surffreund vom sommerlichen Starnberger See, der Zimmermann Sepp, und er strahlte: »Aha – du auch Familienvaterpflichten …«
»Noja, kannst ja nicht aus«, grollte der Karl, »wenn alle christkindlnarrisch sind und a jeds seufzt, wenn's nur grad schon vorbei waar. Ich muss ja – aber wer zwingt denn dich? Ihr habt's doch keine Kinder. Ihr könnt's es euch doch grüabig machen – mit'm Neckermann ins Kenia hintri, zum Baden – waar des nix?«
»Dees Jahr nimmer«, sagt der Sepp und wollte noch etwas hinzusetzen, aber der Karl musste seinen Grant herauslassen und masselte: »Net amal an Schnee hamma, und wetten, wir kriegen auch keinen, wirst es sehen, und was waar des nachert für a Weihnachten, geh zua!«
»Für uns wird's scho recht«, lächelte der Sepp, und der Karl musste daran denken, dass der Sepp und seine junge Frau Freude an Dingen der Volkskunst fanden, dass sie Stubenmusi machten, sich mitunter ihr Brot selber buken und alte Volksbräuche aufstöberten. Gewiß hatten sie daheim eine Krippe aufgebaut, so eine alte, aus Familienbesitz. und feierten zünftig und altkatholisch.
»Bei uns is 's die Tag soweit – und wenn ma Glück ham, werd's a echtes Christkindl – unser Erstes.« Er strahlte verschmitzt. Der Karl lächelte zurück: »Da muaß ma ja Daumen halten und gratulieren – oder?« – »Werd dankbar angnumma«, sagte der werdende Vater höflich und der Karl, der seinen Weihnachtsgrant nicht loswerden konnte, murmelte: »Soso, ein Kind – in dene Zeiten? Ihr traut's euch was – Respekt!«

Der Sepp grinste: »Des ham s' 1918 aa gsagt, die Leut, wie der Großvater auf d' Welt kommen is – und 1943, wie mei Vater erschienen is. Des is allemal des nämliche.«
»Schon – aber die Weltlage und die Umwelt und die Überbevölkerung. Schau doch nur, wie sa si drucken, die Massen, dahier! Und da, mittennei wollts ihr jetz –«
»Mir wern's unserm Christkindl scho recht machen«, unterbrach ihn der Sepp, und der Karl raunzte zurück: »Aha, ihr spekuliert auf a Festtagskind, auf ganz was Bsondres.« – »Alle Eltern meinen natürlich, ihr Kind werd was Bsondres – aber bei uns – ! Der Doktor sagt, es kummert akkurat am Vierundzwanzigsten daher – und immerhin schreibn mir uns Zimmermann, und mei Frau heißt Maria, und ich Josef – wenn des koane Aussichten san – ?«
Sein Grinsen entwaffnete den Grant des Karl. Gegen so viel Optimismus konnte er nicht an. »Na is 's ja recht, na bescheerts ihr uns den neuen Erlöser der Welt?« – »Kann ma's wissen?«, strahlte der Josef. Der Karl musste lachen: »Da müssts euch aber auch an Stall suchen, zur Geburt – und schaug, dass auch a Ochs und a Esel in der Nähe san.« –
Der Zimmermann Josef zahnte: »Die sellern hamma grad gnua in der Verwandtschaft. Mei Schwager geht leicht als Ochs und mei Onkel als Esel – und was den Stall angeht, mir kriegn unser Christkindl dahoam, und unser Sozialwohnung, die werd da so a Stall sein – ! Und jetzt pfüat di, i muaß sausen – ich hab noch einen Riesenzettel mit Aufträgen zu besorgen.« Er lief davon. Der Karl rief ihm nach: »Alls Guate – und wenn i an Kometen siech, na woaß i, dass es funktioniert hat.« Der Sepp drehte sich um: »Feit si nix – aber net dass d' ma fei na ja net so Könige aus'm Morgenland ins Haus schickst – an Ibn Saud und an Hussein – desmal mach ma des auf boarisch, mit heimische Gratulanten, des werd se besser bewähren.« – und weg war er.
Der Karl dachte: Freilich, jedes Elternpaar meint, sein Kind wird einmal etwas Besonderes und vielleicht ein Erlöser der Welt. Warum nicht? Die Großen der Geschichte lagen alle ein-

mal als unscheinbare krähende Buzerln in einer Wiege – und Zeit wär's wahrhaftig, dass wieder einmal einer daherkäme, der den verfahrenen Weltenkarren ein Stückerl in die richtige Richtung wuchten tät – in Richtung Vernunft. Und ist nicht jede Geburt eines Kindes ein Wunder, das einen hoffen heißt?
In dieser Minute begann es über den Christkindlmarkt dicke Flocken zu schneien. Der Karl blickte auf. Die erleuchteten Buden, die drängenden Menschen kamen ihm eigentlich recht festlich und weihnachtlich vor – und die Musik aus den Lautsprechern zauberte sogar eine Art Vorfreude in seine vergrantelte Seele. Ein Christkindl – für einen Josef und seine Maria – und wie er sich freut. In einem raschen Impuls wollte der Karl auf dem Markt ein Geschenk suchen, für die Familie Zimmermann, aber fast im nämlichen Augenblick sagte er zu sich: »Nix! – Nix werd kauft. Ich geh in mein' Bastelkeller und mach was selber, für die zwei. Die drei. Und für mei Frau und den Schrazen könnt' ich eigentlich auch – weil, die hab ich eigentlich schrecklich lieb. Und die werden schauen, wenn der grantige Vater – – «
Weil alle Wertung in dieser Welt immer nur eine Sache der inneren Einstellung ist, erfuhr der grantige Herr Karl in diesem Jahre auf diese Weise eine, vielleicht nicht reinkarätig christkatholische im Sinne der Lehre, aber immerhin persönliche Weihnachtsbotschaft. Und war damit im Grunde seines Herzens weihnachtlich zufrieden.

Kurt Wilhelm

Von einem, der sich auf Weihnachten freut

Oiso, wenn i's eich sag:
I hab wirkli die Tag
an Erwachsana troffa,
stocknüachtern, ned bsoffa,
durch und durch ganz vernünftig,
sogar ausgsprocha zünftig,
und der hat, 's duad ma leid,
si auf Weihnachtn gfreit.

Auf mei Frag: »Guada Mo,
sag, wia stellst du des o?«,
lacht und sagt er: »Kapierst,
i schenk nix, wo i miaßt,
i schenk bloß, wo's mi gfreit,
weil mi dann aa nix reit.
Daadn s' alle so macha,
kanntn s' aa wieder lacha.«
Ja nacha …

Franz Freisleder

Kalenderadvent

»Duuu, Manfred, komm amoi schnej her! Schau doch, do ham mia jetz no wos frei!«
Wo wos warum frei is, brummd er, weil sie eahm beim Rasiern drausbrochd hod, und dass er sich jetz oziang muaß, wenns ned heid omd wieda irgendwo ganz hint hocka woin, und sie soi des gscheida aa doa, anstood an Kalenda studiern, wo sie aso nia fertig wead und wo er se nacha ärgern muaß und …
Sie unterbricht sei Lamentiern und erklärt eahm, dass des wichtig und dringend is und dass s do glei schaung miaßadn und schnej entscheidn. Und weil er natürle bloß begriffstutzig schaugd, erklärts eahm so geduldig, wia des hoid in dera Situation grod gehd, dass oiso nämle jetz da nächste Samstog frei waar, weil doch de Weihnachtsfeier vom Tennisclub ausfoit. (Wo des aso a Schwachsinn waar, ausgrechnad an am Samstog a Vereinsweihnachtsfeier hoitn woin, do wo ma doch woandasd higeh mecht und sich de doch glei ausrechna häddn kena, dass do koa Musi und nix kriang.) Oiso dass sie doch jetz den freia Termin unbedingd ausnützn miaßn, sogds eahm, und dass sie do doch amoi in so a richtigs staads Adventsinga geh kantn, do wo sie nia dazuakeman wega de ganzn Pflichttermine in dera Zeit.
Freile do wead ma sich des scho grod no raussuacha kena, so a Woch vorher, do wean sie scho nehma miaßn, wos s kriang, und überhaupts waar er nacha eher für a klassischs Weihnachtskonzert.
Sie ned, hods ganz schnippisch gmoant, weil sie do nix zum Oziang häd, wo er doch woaß, dass sie aus oiß drausgwachsn is, und des neie Trachtngwand waar heier scho teier gnua, des wo sie mehra für so alpnländische Veranstaltungen kaffd hod und natürle für de vuin Weihnachtsfeiern. Sie hod a bissl beleidigd gschluckd, und er hod hoid nacha aa in den Veranstaltungskalenda in da Zeitung neigschaugd, damid ned glei wieda da Verdruss do is. Wia waarsn vielleicht mid da Vorderrieder

Stubnmusi und de Hinterrieder Sänger im Kulturhaus, hod er vorgschlong.
Ah geh, de hean mia doch übermoing bei da Weihnachtsfeier vom Edlweißverein, hod sie drauf gmoant. Überhaupts, wenns scho a Samstag is, do kantn mia doch amoi auf Minga fahrn, schau nua grod, wos do oiß gebotn is.
Warum ned glei noch Bad Wiessee, de ham aa ganz bekannte Voiksmusikgruppn. Oda do schau, do spuin de Alpnzitherspieler, und da Fritz Gerhard liest de »Heilige Nacht« ...
Oiso, de »Heilige Nacht« häddns heia scho zwoamoi ghead, auf da Weihnachtsfeier vo de Jennerwein-Schütz'n, und beim Sportclub hods sogor oana auswendig vortrong, und bei unsera Betriebsfeier kons aa no leicht sei, sogd sie.
Aba ned vo so am berühmtn Schauspieler, sogd er, und wos sie nacha eigentle wui, sogd er a kloans bissl lauter, und in Andechs daadns im Florian-Stadl des Weihnachtsoratorium vom Bach bringa, und des waar eahm aso vui liaba, und bloß weil ihra des Schwarze nimma passad, und na soi sie hoid weniga schlecka, und überhaupts waar des Ganze gor ned sei Idee ...
Ja, und sie daad aa nix dafüa kena, dass ausgrechnad de Weihnachtsfeier vo seim Tennisverein ausfoid, sonsd häddns des Problem ja gor ned ghabd, und wo des wirkle da oanzige Dog im ganzn Advent waar, den wo s do jetz frei häddn und sie sich hoid so wos richtigs Besinnlichs vorgstejd häd. Ihr Stimm hod scho a bissl zittert.
Do kantns ja nacha glei in so a Adventsinga in a Kircha geh, wenns sie so bsonders besinnlich mecht, sogd er drauf, und des war natürle aa wieda verkehrt. Ob de vielleicht de bekanntn Gruppn im Programm häddn, de wo sie hean mecht, de kantn se des doch gor ned leistn, oda? Und für den Samstog häd sie hoid scho wos Bsonders woin. Hoid wos, wo oam so richtig auf Weihnachtn eistimma daad.
Ob soiche gfragdn Gruppn des no so rüwabringa, waar zum bezweifen, noch drei Dutznd besinnliche Auftritte, moant er, und sie wissad doch des vo ihra Freindin Sissi, de wo bei de

Almdeandln singd und noch mindestns 39 adventliche Einsätz oiwei fix und fertig an Weihnachtn umanandahängd und koan Pieps mehr rausbringd und wo ihr Mo oi Johr sogd, dass s nägsds Johr weniga Termine onehma soi. Er nennd des Bethlehem-Marathon.
Ois ob des so einfach waar: weniga onehma, des gehd do oiß üba a Agentur oda so am Mänätscha, do kon ma ned so einfach naa song. Und dass de Sissi a scheens Gejd hoambringd, des sogd er ned, ihr Mo, moant sie, und de Männa kon mas doch nia recht macha ...
Drauf sogd er ... und dann sogd sie ... und ihr Stimm wead oiwei zittriger und sei Stimm wead oiwei kräftiger. Und auf amoi, wia s middn im scheensdn Streitn san, merkans, dass s scho hoibe achte is, und um sieme woitns doch eigentle losfahrn in des Weihnachtskonzert im Kultursaal, do wos scho seid Oktober de Kartn ham, wo aba leida koane Platzkartn san und sie jetz wahrscheinle ganz hint steh miaßn und wo er scho befürcht, dass do bei eahm nimma de richtige Stimmung aufkema wead.
Er stehd nämle no oiwei in Strümpf und Unterhosn do und bloß hoibad rasiert und sie im Bademantl und woaß aa no gor ned, wos s oziang soi und is ned frisiert und nix.
Schließle bringd er sie na do so weid, dass s de Diskussion wega dem freia Samstogtermin verschiam und in da Pause weidaredn woin oda nodfois moing.

Sieglinde Ostermeier

Vorweihnachtliche Grippewelle

I bräucht ned ins Büro neigeh,
ned naus in d' Kältn, naus in 'n Schnee,
koa Weihnachtsgschenk bräucht i mehr kaffa,
i liegat – d' Nasn daad ja laffa –
dahoam am Diwan mit am Buach,
empfangad gnädig Krankenbsuach.
Kurzum, mei Ruah hätt i, mein Friedn
(und bräucht aa koane Verserl schmiedn),
daad mi hoid aa wia alle andern
a Grippevirus unterwandern.
Doch moanst, dem Kerl daad's bei mir schmeckn?
Ned ums Varreckn!

Franz Freisleder

Backzillus liegt in der Luft

Als ob um diese Jahreszeit nicht schon genug Bazillen herumschwirrten – jetzt kommt auch noch der gefährliche Backzillus und sucht seine Opfer heim. Er findet sie hauptsächlich unter dem weiblichen Teil der Bevölkerung, der männliche ist ungerechterweise weitgehend immun.
Männer sind oft leidenschaftliche Köche, sie stellen auch Quiche Lorraine, Zwiebelkuchen und Elsässer Flammkuchen her – aber das süße Kleinzeug, das pingelige, nein danke! Der vorweihnachtliche Backzillus befällt nur Frauen, seltsamerweise sogar die, die sonst mit der Küche gar nicht so viel am Hut haben.
Die ersten Symptome sieht man an den Augen, die vor den Regalen der Supermärkte fiebrig zu glänzen beginnen; sodann weiten sich die Nasenflügel zu manischem Schnuppern, die Zunge schnalzt. Wie unter Zwang greifen die Hände daheim dann in pulvriges Weiß und schmieriges Gelb, werfen mit Eierschalen, setzen dröhnende Maschinen in Gang und verwandeln die saubere Küche alsbald in ein Schlachtfeld. Zu entsetzlichen, schmierigen Klumpen werden die Hände; sie erfassen in diesem Zustand Türklinken und Telefone. Die vom Backzillus Befallenen rufen sich nämlich gegenseitig an, um sich Mut zuzusprechen und Erfahrungen auszutauschen. Mit klebrigem Kugelschreiber notieren sie auf fettigem Papier: Mandeln, Ingwer, Rum ... halt, warte! Wehgeschrei ertönt. Mein Blech! Schwarz, alles schwarz! Der listige Backzillus grinst und schadenfreut sich: Wenigstens ein Blech verbrannter Plätzchen gehört zu seinem Repertoire – ebenso wie die Brandblasen an den Händen seiner Opfer.
In vielen Häusern unserer Stadt riecht man es schon an der Haustür, dass drinnen der Backzillus wütet. »Mhm, wie das duftet!«, rufen die arglos Eintretenden und stürzen sich gierig auf die Ergebnisse der zwanghaften Kunst. Obwohl die Herstellerin, erschöpft und gestresst, unbegreiflicherweise meint,

sie seien missraten. O nein, sie sind nicht missraten, sie sind guuut!

Merke: Schmecken tut das Zeug nur vor Weihnachten, wenn man es aus geschlossenen Blechdosen stibitzen kann. Später, nach der offiziellen Freigabe, dient es nur noch zur Dekoration auf den Weihnachtstellern. Und dann, wenn Türklinken, Telefone und Hände gereinigt und die Brandblasen verheilt sein werden, verzieht sich der listige Backzillus in einen stillen Winkel und ergötzt sich an neuem Wehgeschreih, das da ertönen wird beim Betreten der Waage.

Jutta Makowsky

De kloane Naschkatz

Naa, heit konn i ned widersteh –
muaß unbedingt in d' Speis nausgeh!
Bin sovui glangrig, ned zum Sagn …
A bsonders Gfui duat mi heit plagn!

Tagelang hat d' Muatta bacha,
lauter guate süaße Sacha!
I woaß, dass i ned naschn soll!
Oa oanzigs Platzerl i mir hol!

Was riacht denn do herinn so fei?
I schaug in d' Weihnachtsdosn nei!
A Nikolaus, sovui schee zum Schaugn,
hat Mandlknöpf, Korinthenaugn!

Sei Mantl, aus rotm Himbeerguss,
weiß eigsamt, hmm … a Hochgenuss!
Wia werdn wohl die Korinthen schmecka?
Am Zuckerbart werd i schnell schlecka!

Es konn do gar ned vui passiern:
Oa Mandl werd i glei probiern.
A Stückerl vo da Zipfelmützn
werd i ganz heimlich no stibitzn!

Jetzt plagt mi plötzlich mei Gewissn:
Da Umhang, d' Mützn …, oiß zerrissn!
Jetzt schaugt er wiar a Räuber aus,
der wunderschöne Nikolaus!

Annemarie Köllerer

Pfeffernüsse soviel ihr wollt

Wenn die ersten Schneeflocken fallen, sie dürfen getrost wässrig sein und sich in Nässe auflösen, erinnere ich mich mit Vergnügen an ein Ereignis, das sich in meinem Elternhaus abgespielt hat und das mit Weihnachten zu tun hat. Es handelt sich dabei um genau einhundert Pfund Pfeffernüsse. Ich muss vorausschicken, dass mein Vater jener Typ von Versorger war, der einfach nicht genügend Widerstandskraft besaß, Waren, die ihm durch Offerten angeboten wurden, nicht zu bestellen. Dieser Typ fällt auf jedes Angebot herein, und das Verlockende an den Angeboten war der Umstand, dass ihre Ware erst vier Wochen nach Erhalt bezahlt zu werden brauchte. Wer einmal angefangen hat, mit solchen Firmen zu arbeiten, wird bis ans Ende seines Lebens mit bunten und sorgfältig aufgesetzten Drucksachen versorgt.
Wir wohnten auf dem Lande und waren für die Post gerade noch erreichbar. Es gab im Dorf kein gut assortiertes Kaufhaus, das es mit den bunten Drucksachen hätte aufnehmen können. Hier lag der Grund, warum diese Offerten auf schwache Naturen einen starken Reiz auszuüben vermochten, und mein Vater war ein schwacher Vater. Mutter war strikt dagegen, Schulden zu machen, und Vater schickte seine Liste in aller Heimlichkeit ab. Das Bestellen wurde ihm ja so leicht gemacht; er brauchte dem Brief nicht einmal eine Marke aufzukleben, das Porto bezahlte der Empfänger. Kleingedruckt versicherte die Firma, dass sie bereit sei, die angeforderte Ware nicht nur ein einziges Mal, sondern sogar monatlich und auf besonderen Wunsch wöchentlich zu liefern, und da musste man höllisch auf Draht sein, um nicht in des Teufels Küche zu geraten, und genau dort landete mein Vater.
Ohne einen Schritt mehr als den zum Briefkasten getan zu haben, wurden ihm zu seiner eigenen Verblüffung wöchentlich acht Pfund Margarine, sechs Pfund Tilsiter Käse, ein Eimerchen Erdbeermarmelade, ein Eimerchen Heidehonig,

ein Kanister Sonnenblumenöl, drei Kisten Zigarren, ein Sortiment Fischkonserven, zwei Kilo Kaffee, unkontrollierbare Mengen an Tee, Schokolade, Gebäck, Haarwasser, Zahnpasta, Malzbonbons, Badesalz, Hefe und Soßenpulver geliefert. Am meisten wunderten wir uns über das Soßenpulver, für das niemand in der Familie Verwendung hatte. »Ich dachte, du könntest es gebrauchen«, sagte Vater, und meine Mutter erwiderte, er solle gefälligst das Denken sein lassen, es käme nichts als Soßenpulver dabei heraus.
Für meine Mutter war es schwierig und zeitraubend, die Lieferanten zu überzeugen, dass es jetzt genug sei und dass sie mit Zahnpasta für die kommenden hundert Jahre eingedeckt sei. Sie setzte sich hin und schrieb regelrechte Bettelbriefe, in denen sie ihre Not offenbarte und darum bat, in Zukunft mit Tilsiter Käse verschont zu werden.
Dann ereignete sich die Geschichte mit den Pfeffernüssen. Eine Nürnberger Lebkuchenfabrik hatte statt der bestellten 5 Kilo Pfeffernüsse sage und schreibe 50 Kilo auf den Weg gebracht. Sie hatten an Vaters 5 eine Null gehängt, sie hatten ein bisschen multipliziert, sie hatten es ganz einfach mal versucht, hundert Pfund von ihrem wohlduftenden Backerzeugnis an diesen Kunden in der Provinz loszuwerden. Weiß der Himmel, was sich die Lebkuchenbäcker in Nürnberg dabei gedacht hatten.
Heute weiß ich, und mein Vater hat es ebenfalls erfahren, dass einhundert Pfund Pfeffernüsse unter dem Weihnachtsbaum imstande sind, eine achtköpfige Familie auszurotten. Einhundert Pfund Pfeffernüsse bedeuten nicht Frieden auf Erden und unter gar keinen Umständen den Menschen ein Wohlgefallen. O Tellergraus, o Magenschreck, was da süß und pfeffrig über uns kam, war das geradezu blödsinnige Gegenteil von Mangel. Es war eine Überschwemmung, eine Feuersbrunst, ein Vulkanausbruch in weihnachtlicher Backware. Es war eine raue Menge, von der immer schon die Rede ging. Vater mochte es den Bäckern in Nürnberg nicht antun, ihnen die neunzig Pfund Pfeffernüsse zurückzuschicken, die er nicht bestellt hat-

te. Er war sicher, dass die Nürnberger Lebkuchenindustrie in solchen Dingen keinen Spaß verstehen würde.
Mutter rüttelte an ihm und sagte: »Heraus mit der Wahrheit! Du hast fünfzig Kilo bestellt, ich kenne dich doch!« Vater stand neben den beiden riesigen Kartons mit Pfeffernüssen. »Kinder, wisst ihr was«, sagte er, »ihr dürft davon essen, soviel ihr wollt!« Er machte einen Karton auf und schob sich eines von diesen weißen Dingern in den Mund, um uns auf den Geschmack zu bringen. »Das ist Ware«, sagte er anerkennend. In dieser Minute begann für seine Familie ein viele Monate währendes Leben voller Qual und Pfeffernüsse. Zum Frühstück, zum Mittagessen, zum Nachmittagskaffee und zum Abendbrot gab es Pfeffernüsse. Pfeffernüsse in den Pudding und in die Milchsuppe. Pfeffernüsse in den Schulranzen und in den Wanderrucksack. Pfeffernüsse ins grüne Nest des Osterhasen und anstelle von Taschengeld für den Jahrmarkt. Meine Mutter machte Pfeffernüsse mit Himbeersaft und mit Quark an, und einmal versuchte sie es mit Maggi. Sie rieb Pfeffernüsse auf der Reibe und trieb Pfeffernüsse durch den Fleischwolf. Kein Mensch auf Erden außer meiner Mutter weiß, dass ein Zentner Pfeffernüsse in der Küche schlimmer ist als überhaupt nichts zu essen.
Der Himmel möge ihr die Sünde verzeihen, aber sie hat den Rest zu Hühnerfutter verkocht. Sie tat es, und die Eier schmeckten eine Zeitlang nicht wie Eier, sondern wie Pfeffernüsse.

Bernhard Schulz

A bsundana Mo

Wer hat scho solche schwarzn Augn
und so a neckisches Krawattl?
Sie kimmt gar nimma aus'm Schaugn,
die Hinterwurzer Kathl.
Jetzt kichert s' gar leis vor sich hi
und tripplt no a bissl füra,
a so a saubers Vis-à-vis
is scho a echta Herzanrühra.
Sein feschn Janker tragt a rot,
wia reife Erdbeern, grad frischbrockte,
und was a sunst no bsunders hot,
san goldne Haar, schee glockte.
Grad wia sei Gsicht so ausdrucksvoll
is aa da Rest im großn Ganzn.
Die Kathi, fast scho liebestoll,
kriagt selbm jetzt Augn, wo glanzn.
Zehn Markl hat s' drum außerdo
aus ihra großn, schwarzn Taschn,
entschlossn kafft s' den Zwetschgnmo,
als wollt s' eahm glei vanaschn.
Wahrscheints hat er's recht guat bei ihr,
a Zeitl weadn s' mitnanda hausn.
Verbleicht dereinst sei Kleiderzier –
na wead s' 'n hoit vaschmausn.
Insofern is de Kathl gscheit,
daspart se tunlichst manchn Jammer,
weil sie lasst bis in d' Ewigkeit
koan andan Mo in d' Kammer.

Lieselotte Weidner

Kripperlmarktbericht

Als der Großstadtbummler den Münchner Kripperlmarkt besucht und den Geruch von Magenbrot, Myrten und Morgenland schnuppert, ist seine Nase im Nu wieder zehn Jahre alt. Und gleich beim Würstlbrater am Eingang, der den Vorübergehenden mit seiner Grillzange unter den roten Minusgesichtern herumfuchtelt, als wollte er ihre frierenden Zinken auf den Rost legen, fällt ihm der Froschhammer Ferri wieder ein. Sein ständiger Begleiter aus der Marmeladebrotzeit. Denn mit ihm ging der Spaziergänger nicht nur sechs Jahre lang in die gleiche grässliche Einmaleinsburg, zum Fliederstehlen und nachher auch zusammen zur Blau Mausi. Sondern jedes Jahr auch pünktlich auf den glitzernden Märchenmarkt der Vorfreude. Und da hatte seinerzeit, als ständiger Vorposten auf der Lamettadult, der Pferdemetzger Hieb seinen Wurstkübel stehen. Die Vorstadt-Trapper schlichen lauernd um sein zahmes Lagerfeuer herum, auf dem ein riesiger schwarzer Hafen stand, in welchem pflastermüde Rollfuhrmustangs, in fingerlange Portionen abgeteilt, melancholisch herumschwammen.
Herr Hieb war an sich ein grundguter Zeitgenosse mit einem gewaltigen Schnurrbart, der ausschaute wie der Schweif eines Haflinger Hengstes, aus dem man mühelos die Fiedelbogen für ein ganzes Streichorchester hätte machen können. Nur wenn man bei dem wackeren Cavallo-Killer auf seinen Beruf anspielte, wurde er kritisch. Und gerade deshalb taten es natürlich die meisten Bürscherl. Sie stellten sich dann in respektvoller Entfernung hin, und wenn Herr Hieb nicht herschaute, begannen sie laut zu wiehern und mit den Schnürstiefelfüßen zu scharren. Bei einer solchen Pantomime wurde der alte Mann stocknarrisch und der Ferri schließlich auch einmal von ihm erwischt. Der fuchsteufelswilde Schimmelschlächter steckte die Sünder jedoch nicht in den heißen sprudelnden Sudhafen, sondern er legte ihnen eine ganz andere Buße auf. Sie

bekamen nämlich je eine leicht aufgeplatzte Pfälzerwurst und mussten damit laut schmatzend und sich den minderjährigen Bauch klopfend zwei Stunden lang reklameessen, damit die reichen Herrschaftsbamsen, die doch alles haben müssen, auch einkaufen würden. Was sie dann angesichts der bampfenden Werbeschlucker auch taten.
Im übrigen war der Froschhammer Ferri nicht nur ein Schlitzohr, sondern auch ein begehrter Ministrant. Der besonders um die Weihnachtszeit auf den Spuren des Kindes wandelte und für seine Weihrauch- und Dominus-vobiscum-Zehnerl außer Bärendreck und heißen Maroni auf dem Christkindlmarkt auch für sein Kripperl daheim fleißig einkaufte. Zum Beispiel einen zwanzig Zentimeter langen Kiesweg mit einer Kurve oder einen halben Meter grauen Watterauch. Und einmal, da sollte er für das Schulzimmerkripperl jenes Stroh besorgen, auf welches dann das frierende Kindlein gelegt würde. Der Herr Kaplan hatte ihm jedoch gesagt, da dürfe er nur Strohhalme bringen, die er sich durch eine gute Tat verdient hätte. Für jedes gefällige Werk einen Halm.
Da begann der Ferri, nach längerem Nachdenken, alte Leute über die Straße zu führen, ob sie wollten oder nicht. Sie mussten einfach rüber. Trotzdem bekam er schließlich nur fünf Halme zusammen. Als dann der damalige Schüler meinte, daraus könne er doch unmöglich ein Bettchen machen, erwiderte sein begabter Spezi: »Ja, du bist doch der Allerdümmste! Da nimm i doch fünf Strohhalm, an jedn mit oan Meter Läng, und schneid s' einfach kloa zamm, nacha liegt's schee woach, 's Kinderl.« Leider wurde dem Ferri selbst kein weicher Platz beschieden, sondern ein steinharter. Im Kaukasus, wo er unter eine gesprengte Brücke zu liegen kam.
Und dann bummelt der Tritschler halt wieder einmal durch das kleine Glimmer-Glitzer-Paradies. Vorbei an den Standln mit den Zwetschgnmanndln und dem Kletzenbrot. Jener Adventspeise, die manchem Verbraucher sicher so schwer im Magen liegt wie ein Vaterschaftsprozess. Und mit den vielen, vielen Lebkuchen, mit denen man fast die ganze Sahara

pflastern könnte. Die Bethlehem-Statisten in den zahlreichen Figurenständen sind hart umringt von großen und kleinen Interessenten. Dreihundert heilige Dreikönige schauen stur nach links, obwohl ein kleiner Bub unbedingt einen Balthasar mit rechter Blickwendung brauchte. Und Simba, dem König der Wüste, hängt eine lange rote Zunge heraus, als hätte er nebenan von dem Hustenonkel seinen herrlichen Malzguatln genascht. Ein Herr im Lodenmantel misst ein Kamel mit dem Meterstab nach und dann einen Esel. Schließlich erklärt er der alten Standlfrau, die selber wie eine biblische Erscheinung wirkt: »Naa, der is ja um d' Hälfte z' kloa, der schaugt ja neba meim handgschnitztn Josef direkt aus wia a Dackl.«
Auf einmal beginnt irgendwo eine Spieluhr mit lächerlich dünner Stimme zu leiern: »Es ist ein Reis entsprungen.« Und da erinnert sich der stille Träumer schmunzelnd, dass sein bissiger, königstreuer Onkel zu dieser Melodie immer den selbsterfundenen Text unterlegte: »Es ist ein Preiß zersprungen.«
Nachher macht der Bummler auch noch einen kleinen Besuch bei dem wunderschönen Kripperl am Bunker, direkt unter dem geschweiften Glühlampenstern. Alles will dort Anteil nehmen an dem Wunder. Hasenfell-Hirten eilen mit Zentimeterschritten herbei.
Ein winziger Libanon-Schnauzl beißt ganz kleine Löcher in den kalten Nachmittag. Und Allgäuer Kühe, indische Elefanten, bayerische Oberlandler, maurische Sklaven und afrikanische Palmen stehen in demütiger Hartfasergeduld um das Mirakel herum. Direkt vor dem Stall aber freuen sich zwei alte Münchner Ansichtskarten-Bierdimpfl über das Panorama ihrer Kindheit, und der eine stellt seinem Dreiquartel-Spezl eine komische Frage: »Woaßt du aa, warum d' heilige Maria gar so traurig auf ihran kloana Buam obischaugt?« Und wie sein Dämmerschoppenkamerad darauf den Kopf schüttelt, erwidert er kichernd: »So, des woaßt du net. Nacha muaß i da's hoid sogn. Sie häd nämlich vui liaba a Maderl ghabt!«

Sigi Sommer

Christkindlmarkt

»Derf denn des sei: Kartoffeschäler –
de lassn s' zua! An krassan Fehler
kann i mir gar ned denga!
Wer mecht denn so was schenga?
Am Christkindlmarkt, naa, da kaff i
doch ned so a Zeigs, so a Graffe!
I mechat's ned gschenkt!
De ghörn doch glei ghenkt!«

Wia i so dahigrantln dua,
da geht zu dem Standl a Bua
und kratzt si sei Kloageld brav z'samma
und kafft oan zum Fest für sei Mama.
Dann nimmt er'n ganz sacht,
ois waar des a Pracht-
stück vom Goldschmied am Eck
– und scho is er weg.

Warn doch koa Fehler,
de Kartoffelschäler.

Franz Freisleder

Der Christkindlmarkt-Experte

Gestern war Freitag vor dem vierten Advent. Um die Woche beschaulich ausklingen zu lassen, habe ich mich mit Peter und Niki auf dem Schwabinger Weihnachtsmarkt verabredet, um mit ihnen ein, zwei Gläser Glühwein zu trinken. Um 12.15 Uhr komme ich an der Münchner Freiheit an. Peter und Niki sind noch nicht da. Also muss ich wohl oder übel den ersten Glühwein allein trinken. Als die beiden endlich eintreffen, habe ich bereits die zweite Tasse zur Hälfte geleert. Wir unterhalten uns über alte Zeiten und darüber, dass wir uns vor nunmehr vier Jahren auf dem Schwabinger Weihnachtsmarkt genau an diesem Stand beim Glühweintrinken kennengelernt haben. Wir kommen aufs Leben an sich und die Liebe im Besonderen zu sprechen. So kommt es sehr schnell zum dritten beziehungsweise kurz später zum vierten Glas Glühwein.

Um 13.45 Uhr muss ich aufbrechen, weil ich schon um zwei mit Thomas auf dem Neuhauser Weihnachtsmarkt am Rotkreuzplatz verabredet bin. Mit ihm trinke ich einen Teisendorfer Weihnachtstrunk, der auf der Grundlage von Früchtetee mit Enzian und Rum gemischt wird. Angeblich eine Chiemgauer Spezialität aus dem 17. Jahrhundert. Ich genehmige mir zwei Tassen davon, wobei wir uns angeregt über das Leben an sich und die Liebe im Besonderen unterhalten. Auf dem Weg zur U-Bahn bleibe ich an einem Stand hängen, der weißen Glühwein auf der Grundlage von Grünem Veltliner aus dem Burgenland anbietet. Überzeugt mich überhaupt nicht. Deswegen nur eine Tasse. Dann steige ich in die U-Bahn.

Es ist bereits 15.07 Uhr, als ich auf dem Giesinger Weihnachtsmarkt eintreffe. Ich besuche ihn dieses Jahr zum ersten Mal. Deswegen kenne ich hier noch niemanden. Aber das macht nichts. Um so besser schmeckt der Zirltaler Winterpunsch auf der Grundlage von Kirschwasser mit Schwarztee. An und für sich zu kräftig für die Tageszeit, obwohl es schon dunkelt.

Deswegen bleibt es auch bei einem Glas. Aber den Zirltaler Winterpunsch wird man sich merken müssen.

Um 15.33 Uhr nehme ich den Bus, der mich vom Giesinger Weihnachtsmarkt direkt zum Haidhauser Weihnachtsmarkt am Weißenburger Platz bringt. Ich bin dort mit Hermann verabredet, der sich aber, wie üblich, verspätet. Also kaufe ich allein ein Glas Finsterglühwein und stelle mich zu Gleichgesinnten. Wer Weihnachtsmärkte kennt, weiß, dass es überall Gleichgesinnte gibt. Ich führe ein paar nette Gespräche über das Leben an sich und die Liebe im Besonderen. Nach einem warmen Jäger – das ist ein heißes alkoholreiches Getränk auf der Grundlage von Wasser und Kräuterlikör – gehe ich zur S-Bahn und fahre um genau 16.17 Uhr zum zentralen Weihnachtsmarkt am Marienplatz. Jetzt dunkelt es bereits gewaltig. Trotzdem erkenne ich an einem Glühweinstand Hermann, mit dem ich mich an sich auf dem Haidhauser Weihnachtsmarkt am Weißenburger Platz treffen wollte. Nach erheblichen Vorwürfen meinerseits versöhnen wir uns bei einem heißen Ratzebutz. Das ist kein einheimisches Getränk. Man trinkt es zur Weihnachtszeit im Badischen. Auf der Grundlage von Bärwurzschnaps und Ingwerlikör. Andere Länder, andere Sitten!

Gegen 17 Uhr sagt Hermann, ich solle nicht schwächeln und ihn auf den Pasinger Weihnachtsmarkt begleiten. Freilich, sag ich, das ist der nächste Weg für einen, der noch einmal auf den Schwabinger Weihnachtsmarkt muss. Aber, sagt der Hermann, da gibt's den feinen schlesischen Christfestschoppen! Überredet! Wir fahren nach Pasing. Aber erwischen blöderweise die S 7, die gar nicht nach Pasing fährt, sondern nach Solln. Trotzdem ärgern wir uns nicht, weil wir auf diese Weise auch noch den Mittersendlinger Christkindlmarkt mitnehmen können. Wir kommen mit einer jüngeren Frau bei heißem Klobensteiner Wurzhüttengeist aus dem bayerischen Oberland ins Gespräch und landen in Kürze beim Leben an sich und der Liebe im Besonderen. Das schlägt dem Hermann aufs Gemüt, und wir brechen jäh zum Pasinger Weihnachtsmarkt auf, den wir um 17.55 Uhr erreichen. Von dem hochgelebten schlesischen Christfestschoppen bin ich eher enttäuscht, gebe ihm aber noch eine zweite, dritte, gar eine vierte Chance. Aber es ist und bleibt ein süßes, klebriges Zeug. Trotz seiner 38 Prozent.

Leicht verärgert setze ich mich deshalb um 18.51 Uhr in die S-Bahn und fahre über den Weihnachtsmarkt am Marienplatz (hier noch zwei heiße Zitronen-Ingwer-Likör-Gläschen) zum Schwabinger Weihnachtsmarkt, wo Peter und Niki sich nicht mehr über das Leben an sich, sondern nur noch über die Liebe unterhalten. Ich genehmige mir die zwei letzten Glühweingläser – und mache meinen Freunden den Vorschlag, diesen vorweihnachtlichen Abend mit dem schönen Andachtsjodler würdig ausklingen zu lassen. Unser Gesang geht allen ans Gemüt, und so singt bei der vierten Wiederholung bereits der halbe Schwabinger Weihnachtsmarkt mit. Djodjodihöhh! Sogar der Massimo vom italienischen Stand jodelt mit. Ich umarme ihn dafür, und er lädt mich zu einem sizilianischen »Buon-Natale-Punsch« ein. Wenn sich meine heute schon arg strapazierten Geschmacksnerven nicht irren: auf der Grundlage von heißem Lambrusco mit viel Ramazotti. Um 19 Uhr gehe ich mit feuchten Augen und wende mich anderen wichtigen Dingen des Lebens zu, das halt nicht nur aus Weihnachten besteht. Trotzdem allerseits ein fröhliches und ein wenig besinnliches Djodjodihöhh!

Walter Zauner

Kripperlmarkt

Norddeutscher: Entschuldigung, ich habe gerade gehört, hier gibt es einen Grippemarkt. Was ist denn das? Kann man sich da eventuell ein Mittel gegen Grippe besorgen oder sich gar spritzen lassen gegen Grippe? Wissen Sie, wie man zu diesem Grippemarkt kommt?

Igerl: Grippemarkt? Ha, ha, ha. Sie san guat, Herr Nachbar. Kripperlmarkt hoaßt des oder Christkindlmarkt. Sie wissen doch, dass wir in Bayern was auf Tradition halten und ein frommes Volk sind. Im Kripperlmarkt geht's halt vor allem um Christi Geburt und die Krippe im Stall von Bethlehem. Verstengan S'?

Norddeutscher: Ach so. Das ist ja schön. Das würde ich mir gerne ansehen. Ist es weit von hier?

Igerl: Ach wo. Da brauchen S' grad a paar Meter gradaus gehen. Dann kommen S' an den Marienplatz. Und da sehn S' schon unser Rathaus mit einem krummen struppigen Christbaum davor, den wo s' uns heuer aufghängt haben. Vielleicht mögens den Reiter net.

Norddeutscher: Und da steht die Krippe?

Igerl: Naa, naa net direkt darunter. Da sehn S' zunächst an Haufen Stände und Buden, sozusagen als Beiwerk für des Kripperl. Aber i kann Ihnen ganz genau sagen, wia S' an des Kripperl kommen. Wissen S', mein Freund, der Pfanzelt Maxe, hat jeds Jahr an Stand dort, da verkauft er vom FC Bayern Fan-Artikel. Der Maxe hat nämlich die Mitgliedsnummer 177. Des ist die erste Bude.

Norddeutscher: Ach so. Am Kripperlmarkt gibt es auch einen Stand vom FC Bayern?

Igerl: Klar. Also jetzt passen S' auf. Als nächstes sehn S' dann eine ganz große Bude mit Glühweinausschank. Dahinter eine mit polnische Brühwurst usw. Und daneben ist ein Stand mit frischgmachten Waffeln und Auszogne.

Norddeutscher: Auszogne?

Igerl: Net des, was Sie moana. Am Kripperlmarkt geht's streng moralisch zua. Da geht bei uns nix! Auszogne sind Küacherl, mei des werden S' aa net verstehn, so eine Art Schmalznudel, ein Schmalzgebäck halt.
Norddeutscher: Ach so ... Aha und daneben steht die Krippe?
Igerl: Naa, naa, so schnell schiaßn de Preußen net. Entschuldigung, damit sind nicht Sie gemeint. Neben der Bude steht a Standl mit Kräuterschnaps, original aus'm Bayrischen Wald. Wissen S', wenn oana de fettn Schmalznudeln gessn hat, kanns sei, dass eam a Stamperl Magenbitter ganz guat tut. Daneben gibt's dann übrigens aa Kräuterguatl, äh ... Kräuterbonbons. De san guat gega jede Art von Erkältung und beugen aa der Grippe vor. Ah ja, dann haben S' ja doch recht mit Eahnan Grippe-Markt, sehng s', ha, ha, ha. Ja und dann kommt a Stand, der schenkt Kinderpunsch aus. Natürlich alkoholfrei. Ja, ja, der Kripperlmarkt soll ja auch für die Kinder was bieten. Die sind natürlich immer wieder begeistert von der schönen Krippe, dem Jesuskind, Maria und Joseph, Ochs und Esel und den Schafen, Sie werden 's ja sehn.
Norddeutscher: Ja, da bin ich gespannt. Steht also die Krippe neben dem Weihnachtspunsch-Stand?
Igerl: Nicht direkt. Weil da kommt z'erst noch ein Stand mit gebrannten Mandeln. Wissen S', des gibt der ganzen Sache eine herrlichen Duft. Man fühlt sich fast wie auf dem Oktoberfest, vor allem, weil daneben aa no a Stand mit kandierte Früchte is. Und daneben ...
Norddeutscher: Steht die Krippe?
Igerl: Haha. Da daneben müssen S' jetzt links abbiegen. Bei den Standln vorbei, wo s' den heißen Fruchtwein ausschenken, zum Beispiel einen herrlichen Schlehenwein. Den sollten S' unbedingt probieren. Und dann gibt's daneben die original Nürnberger Bratwürstl. Und daneben ...
Norddeutscher: Kommt wohl wieder ein Glühweinstand, wie ich vermute.

Igerl: Glühwein? Ah wo! Ich glaub, Ihr Norddeutschen denkts bloß ans Trinken, naa, naa. Jetzt kommt was ganz was neues: A Stand mit orientalischen Räucherstäbchen und wunderschönen Buddha-Figuren. Solcherne, wie der Klinsmann mal beim FC Bayern aufgestellt hat. Aber die haben s' dann zusammen mim Klinsmann wieder entlassen, haha. Vielleicht san des de, de wo jetzt am Kripperlmarkt verkauft werden. Und daneben, weil wir halt mit der Zeit gehen, gibt's Döner. Jaja, da kennen wir nichts, wir sind tolerant. Liberalitas Bavariae, wenn S' schon davon gehört haben, Herr Nachbar. Da passt dann so richtig zu unserer kulturellen Vielfalt der Stand mit ganz frischen Kartoffelpuffern mit Apfelmus. Eine Delikatesse! Und jetzt dahinter kommt …

Norddeutscher: Also die Krippe?

Igerl: Ja, oh Jeggerl, naa. Des hab i ganz vergessen! Die Stadt baut doch heuer hinterm Rathaus um. Da haben s' a bisserl umdisponieren und wegrationalisieren müssen. Naa, daneben steht des Dixi-Klo für die Bauarbeiter. Sie wissen ja, die müssen halt aa amal, wenn's pressiert.

Norddeutscher: Ja und was ist jetzt mit der Krippe?

Igerl: I glaub, die haben s' heuer ganz weggelassen. Aus Platzgründen sozusagen. Im nächsten Jahr müssen S' sich aber die Krippe dann anschaun. Es lohnt sich, denn sie ist wirklich das Prachtstück vom ganzen Markt!

Helmut Zöpfl

Alles, was recht is

Der Gustl war eine Seele von einem Menschen und ein wirklich begnadeter Künstler auf seiner Zither. Und wie alle wahrhaft künstlerischen Menschen besaß er ein recht empfindsames Gemüt. Er gehörte zu jenen liebenswerten Zeitgenossen, die sich noch herzhaft freuen können über eine blumenbunte Frühlingswiese, die aber auch einen Stich im Herzen fühlen, wenn am Straßenrand ein totgefahrenes Katzerl liegt.
Sicher war es die empfindsame Seele vom Gustl, die neben seiner großartigen Fingerfertigkeit sein Zitherspiel so erklingen ließ, dass es alle Zuhörer in seinen Bann schlug.
Kein Wunder, dass der Gustl allüberall beliebt war und jedermann mit Bitten und Wünschen an ihn herantrat. »Du, Gustl, wenn unser Annerl heuer Erstkommunion hat, gell, da spuist uns du scho a bisserl auf, vielleicht nachmittags, zum Kaffee?« – »Du, Gustl, i möcht heuer mein Fuchzigsten gmüatle feiern, mit an Haufa Gäst. Da machst uns doch sicher a stimmungsvolle Musi dazua, gell?« – »Was i di bitten wollt, Gustl: Wenn jetzt mei Tochter heirat', da hoff ma scho fest, dass d' uns du zum Festmahl a paar schöne Stückl auf deiner Zither spuist.«
Es wurden immer mehr derartige Bitten und Verpflichtungen an ihn herangetragen, und der Brave konnte halt kaum nein sagen.
Aber manchmal wurde es ihm fast zuviel, besonders in den Adventswochen. Da kam es schon vor, dass er am Vormittag bei einem Frühschoppen, am Nachmittag in einem Altenheim und am Abend bei einer vorweihnachtlichen Feier mit seinem Zitherspiel die rechte Stimmung herbeizaubern sollte. Dass er so viele Termine überhaupt meistern konnte, lag außer an seinem musikalischen Können auch daran, dass er beruflich seit kurzem im Ruhestand lebte, andererseits aber mit seinem Auto recht mobil war.
Heute zum Beispiel fuhr er abends noch bis in die entlege-

ne Waldgaststätte »Hubertus-Klause«, um dort einer großen Weihnachtsfeier des Schützenvereins den rechten Hauch von Festlichkeit zu geben, wie ihn halt nur eine feine Saitenmusik aufklingen ließ.
Schön hat er wieder gespielt, unser Gustl, und trotz Gedichterl und Geschenken, trotz Ansprachen und Kerzenbeleuchtung äußerten alle hinterher die Ansicht: Erst durch den Gustl sein Spiel ist die rechte weihnachtliche Stimmung aufgekommen. Sogar fremde Gäste, die zufällig in der Hubertus-Klause einkehrten, lauschten bewegt dem feinen Liederklang.
Am Ende der Weihnachtsfeier packte der Gustl seine alte Zither sorgsam in den blitzsauberen flachen Instrumentenkasten, damit ihr ja nichts passierte, denn man hatte den Solisten noch zu einem geselligen Umtrunk eingeladen. Weil er während der Veranstaltung kaum zu leiblichen Genüssen gekommen war, prostete man ihm jetzt besonders zu, und der Punsch war von hervorragender Qualität. Ein Teil der Gäste drängte sich zum Tisch des Zithervirtuosen, andere verabschiedeten sich in einzelnen Gruppen. Aber kaum einer ging weg, ohne dem sympathischen Gustl noch ein besonderes Dankeschön oder Lob und Anerkennung auszusprechen.
Am Ende meinte auch der rechtschaffen müde Musikus, er müsste nun selber sehen, heimzukommen. Hut und Mantel hingen an der Garderobenwand, gleich neben dem Tisch. Aber der Zitherkasten stand nicht mehr da, wo ihn der Gustl vorher abgestellt hatte. Er blickte sich um und fragte – vergeblich. Dann halfen ein paar Leute suchen. Bald forschte man wiederholt in allen Ecken und Nischen.
Schließlich entstand heftige Aufregung und helle Empörung durch die Gewissheit: Dem Gustl sein Instrument war weg, verschwunden.
»Ah, des gibts ja ned«, lachte der Wirt ungläubig. Aber der Schmied-Wastl fuhr ihn bissig an: »Was hoaßt da, des gibts ned? – Des gibts eben scho! Oder siehgst du den Zitherkasten irgendwo da rum?«
Nun, auch der Wirt sah ihn nicht und musste kleinlaut zuge-

ben, dass das Instrument weg war. »Hat se halt oaner an dummen Scherz erlaubt«, suchte er zu beruhigen. Aber der Schmied-Wastl stellte sofort sachlich fest: »Is koa so a bsuffna Spaßvogel da heut, und außerdem waar des überhaupts koa Gspaß!«
Da versuchte der Klausner-Wirt mit einem anderen Gedanken den beschämenden Sachverhalt zu entschärfen: »Na hat's halt oaner aus Versehng mitgnomma.«
»Geh, geh, geh!«, wehrte da der Bäcker-Fonse ab. »Des gibts ja na do scho ned, dass oaner zur Weihnachtsfeier herkimmt mit seiner Frau am Arm ... und dass er na aus Versehng mit am Zitherkasten unterm Arm hoamgeht! So flach san unsere Weiber doch ned!« –
»Oiso, des hoaßert ja«, brauste der Wirt jetzt im gerechten Zorn auf, »... des hoaßert ja, dass oaner de Zither absichtle mitgnomma hat, vor unsere Augen klaut, direkt gstohlen?!? – Ja, wo samma denn?« schrie er mit rotem Schädel.
Da rief ihn der Bäcker-Fonse zur Ordnung und meinte: »Bevorst so rumplärrst, überleg dir liaber, wia mia dem Gustl jetzt helfa könna.«
Nun erst richteten sich aller Augen auf den Bestohlenen. Der saß ganz desperat am Tisch und schüttelte nur ein ums andere Mal den Kopf: »Naa, naa, des hält i doch ned denkt, dass de Menschheit so schlecht is, so abgrundtiaf schlecht! Und des in der Adventszeit!« Wer genau hinschaute, konnte beobachten, dass dem Gustl tatsächlich ein paar dicke Salzwasserperlen von seinem jetzt aschfahlen Gesicht in das Punschglasl tropften. Der Verlust seines Instrumentes tat ihm weh, sehr weh. Freilich hatte er eine ausreichende Rente, und durch sein großartiges Musizieren verdiente er auch noch nett dazu. Aber weil er halt ein weichherziger Mensch war, der Gustl, darum hatte er sein Lebtag lang keine Reichtümer aufgehäuft, und ganz abgesehen vom Geldwert – dem guten Musiker ist sein Instrument ans Herz gewachsen wie einem alten Jäger sein treuer Hund. Mit Geld ist da nicht alles zu ersetzen.
Fast tonlos sagte der Gustl vor sich hin: »Es is gar ned wega

meiner Zither«, obwohl das sicher so nicht zutraf, »es is einfach zwega der Schlechtigkeit vo der Menschheit!«

Da polterte der Schmied-Wastl dazwischen: »Is ja wahr aa! So eine Gemeinheit! Da spuit er uns zwoa Stund lang auf wiar a Engl im Paradies, dass unseroam 's Herz so woach werd wiar a eibrockta Lebkuacha – und hintnach geht so a Dreckhamme daher und stuiht eahm saukoit de Zither sozusagen unterm Hintern weg!«

Dagegen protestierte der Bäcker-Fonse: »I konns allerweil no ned glauben! – Soicherne Lumpen gibts gar ned in unserm Verein!«

Da warf aber der Wirt ein: »Im Verein vielleicht ned – aber da san ja etliche Fremde ois Gast reikumma, wia der Gustl aufgspuit hat – und de hamm d' Ohrwaschl aufgstellt wiar a Hennahund auf der Jagd!«

»Na wars bestimmt a Preiß!« warf einer schnell dazwischen. »Ach, red doch koan Schmarrn! Bei de Preißen gibts genauso anständige Leut wia bei uns – und Lumpen aa!«

Inzwischen war der Gustl direkt in sich zusammengesunken und sagte nur voller Verzweiflung: »So vui Schlechtigkeit! – Wenn de Menschen so verdorben san, und des im Advent – und nach meim Musiziern – ois Dank, nacha mag i nimmer lebn.«

Der Wirt und der Bäcker-Fonse, der Schmied-Wastl und noch ein paar von den zurückgebliebenen Gästen versuchten in ihrer unbeholfenen Art, den niedergeschlagenen Gustl zu trösten und aufzurichten. Sie nötigten ihm noch mehr Punsch auf und redeten recht unpassendes Zeug, bis einer die gescheite Frage stellte:

»Mei, Gustl, wia könna ma dir denn helfa?« – »Mir konn koaner mehr helfa. I häng mi auf! I mag nimmer leben in so ana Welt, wo s' dir nach der Adventsfeier de Zither stehlen, ... samt meim schöna neuen Instrumentenkasten, den ma mei Frau vor am Monat erst zum Geburtstag gschenkt hat, weil der alte so abgstessen war.«

»Den Kerl wenn i derwisch«, drohte der Schmied-Wastl grim-

mig, »dem druck i 's Kreiz ab und schlag 'n aso zamm, dass er selber in an Zitherkasten neipasst.« Und es gab keinen in diesen Minuten, der nicht Wut und Scham empfunden hätte über die Verderbtheit dieser Welt.
Da ging ganz plötzlich ein kalter Luftzug durch die vorher noch so gemütliche Wirtsstube. Er kam von der Eingangsseite, wo im Türrahmen ein unbeholfener Mann mit käsweißem Gesicht stand. Er hatte an jedem seiner beiden langen Arme einen Zitherkasten hängen. Zwei nagelneue Exemplare, die sich wie Zwillingsbrüder glichen. Etwa zwanzig erstaunte Augen starrten ihm aus der warmen Stube fragend entgegen, und es lag eine Totenstille in der Luft. Da begann der Bleiche verlegen zu stammeln:
»Gott sei Dank ... Gott sei Dank, da is er ja no, unser Künstler! Jetzt müaßen S' scho – entschuldigen S' – – des, des is – schaugn S' no, was mir Furchtbars passiert ist!« Die Türe war inzwischen hinter ihm ins Schloss gefallen, und er stand noch immer als ein Bild des Jammers mit seinen zwei Zitherkäsren wie angewurzelt da. In einem zweiten ungeschickten Anlauf begann er seine Erklärung: »Des war nämlich so: I hab meim Buam für Weihnachten eine Zither kauft, vor vierzehn Tag. Aber des sollt er halt ned erfahren, vor dem Heiligen Abend. Weil er aber dahoam so a großes Trumm sicher entdeckt hätt, deswegen hab i des Instrument seit zwoa Wochen im Kofferraum vo meim Auto versteckt. Damit's mir aber gwiss ned gstohlen werd, hab i 's prompt überoi mithignomma, wenn i länger vo meim Wagen wegblieben bin. Im Gschäft ham s' mi scho derbleckt, mit meim Zitherkasten – aber des war mir gleich! – Bloß wiar i heut da an der Hubertus-Klausen vorbeifahr, hab i an soichan Durst, dass i mir schnell a Halbe Bier kaufen wollt. Und da hab i – scheint's – den Zitherkasten ned aus'm Auto rausgnomma, sondern im Kofferraum glassen.
Weil i auf de Art zufällig in de Adventsfeier reiplazt bin, hör i den Moaster da auf seiner Zither spuin. Des hat mi so ergriffa, dass i im Kopf doch a bröckl durchanannerkemma sei muaß. I hab mi einfach nimmer trenna könna – und erst wia oiß

vorbei war und i mei viertes Bier hab austrunga ghabt, bin i ganga. No ganz damisch von dera himmlischen Musi, hab i mein Huat und Mantel von dem Garderobhaken gholt, und drunter steht natürlich aa mei Zitherkasten. Fast derschrocken bin i, dass i den so ohne Aufsicht hab stehlassen ghabt. Hab 'n an mi gnomma und bin hoamgfahren.
Dahoam, wia i aussteig in der Garasch, siegh i no den Zitherkasten auf'm Rücksitz und denk ma: ›Wer woaß, ob der Bua ned in der Fruah in d' Garasch kimmt.‹ Sicher is sicher, oiso tua i 'n liaber glei no in 'n Kofferraum nei, wo er seit vierzehn Tag versteckt liegt. I mach den Kofferraumdeckel auf und …
Ja vareck! – jetzt hab i zwoa Zitherkästen! Was moana S', wia i derschrocken bin!:
I hab ned lang braucht, bis mir a Liacht aufganga is, wia de Gschicht herganga sei kunnt, denn Sie sehng ja selber, wia se de zwoa Kästen gleichschaung – wia zwoa Neger im Kohlenkeller.
Um Gotts wuin, hab i mir denkt. Da hast jetzt was mitgnomma, was dir ned ghört. Nix wia zruckbringa, und wenn i bis Bethlehem fahren muaß, um den guaten Menschen zu finden, dem i des o'to hab! Jetzt muaß i halt tausendmal um Entschuldigung bitten, dass i zerstreuter Hanswursch aus Versehng Eahner Eigentum mitgnomma ghabt hab. San S' ma bittschön ned bös!«
»Ah wo!«, sagte der Gustl und nahm mit unbeschreiblicher Erleichterung in den Gesichtszügen sein gutes Instrument in Empfang, packte es aus und spielte die »Stille Nacht, Heilige Nacht« mit so viel Schmelz und Herzenswärme, dass sogar der Schmied-Wastl mit der rauhen Pratzen an der Knollennase herumwischte. »No, alles was recht is«, sagte er leise, »aber de Menschheit is doch ned so schlecht, wia ma oft moant.«
Der Weihnachtsfriede war wieder eingekehrt, und die ganze Stube roch nach dem frischen, heißen Punsch, den der Wirt noch einmal gebraut hatte.

Leopold Kammerer

Unser Weihnachtsspiel

Mia mach ma heid in unsrer Schui
a feierliches Weihnachtsspui,
und des, wos ma do braucht dazua,
verzoi i eich etz ganz in Ruah.
Ma braucht wem, der d' Maria spuit,
und oan, der sich ois Josef fuid,
ois Hirten braucht ma glei a Gruppn
ois Christkindl, do glangt a Puppn.
Dann brauch ma Stern, so drei bis vier,
de mach ma mia aus Goidpapier.
Aus Pappe mach ma mia an Stoi,
ois Hirtengwand do dient a Foi,
dann brauch ma aa no an Karton
und dann ham mir a Kripperl schon.
Do leng ma dann des Christkind nei.
Und a poor Schoof stengan dabei,
de ham ma mia vor a poor Stundn
in unsre Spuizeigkistn gfundn.
An Engel brauch ma, des is wohr,
den spuit oana mit lange Hoor.
Mia wissen, unser Spui werd nett,
und die Besetzung is komplett.
Nur leider ham ma a Problem,
des is für uns net angenehm.
Und des Problem, des is a so:
Uns gengan Ochs und Esel o!
Ja, Lehrer hätt ma gnua und vui
für die zwoa Roin in unsrer Schui,
doch frong ma uns, o mei, o mei,
wia bring ma 's dene Lehrer bei?

Elfie Meindl

Engel gibt's!

Im Familienalbum der Hackenschmids gibt es ein Foto von einem Mädchen in einem herrlichen Engelsgewand, das mit hochroten Backen und zu Schlitzen zusammengekniffenen Augen wütend in die Kamera schaut. Jedes Jahr, wenn die erwachsene Tochter der Hackenschmids zum Weihnachtsbesuch bei ihren Eltern weilt, präsentiert die Mama ihrer Angelika dieses Bild. Mit einem leichten Seufzer tut die junge Frau dann der Mama den Gefallen und schreitet mit ausgebreiteten Armen und andächtig gen Himmel (oder besser gesagt: die Zimmerdecke) gewendeten Augen auf ihre Eltern zu. Dabei säuselt sie: »Fürchtet euch nicht ...«, um dann unvermittelt in die Knie zu gehen und zu rufen: »... Kruzefümferl, der Bluatshodern, der greißliche ...!« Der Papa quittiert diese Darbietung dann mit einem beifälligen »Bravo, Deandl« und heftigem Applaus und auch die Mama muss schmunzeln.
Hm, denkt sich der verehrte Leser jetzt vermutlich, was ist das denn für merkwürdiger Auftritt? Was hat dieses seltsame Gebaren mit Weihnachten zu tun?
Nun, drehen wir das Rad der Zeit um ein paar Weihnachtsfeste zurück.
Damals war Angelika als Verkündigungsengel im Schul-Hirtenspiel eingesprungen. Die eigentliche Darstellerin hatte sich kurz vor der Aufführung eine saubere Angina eingefangen, und einen wie ein Rabe krächzenden Engel wollte der Lehrer Gratzel, der das Schultheater auf die Beine gestellt hatte, nicht leiden. Die Angelika mit ihren langen rotblonden Locken und der glockenreinen Stimme schien ihm ein passender Ersatz für die heisere Erika zu sein. Zeit für eine Generalprobe war zwar nicht mehr, aber die Angelika hatte sich beim Gedichte-Auswendiglernen immer recht passabel angestellt. Es würde schon gehen! Notfalls sollten doch das prächtige Engelsgewand und der Stirnreif mit dem funkelnden Goldpapierstern von kleinen Textunsicherheiten ablenken. Ach ja, der gute

Mann hatte keine Ahnung! Ihm war völlig entgangen, dass sein neuer Verkündigungsengel einen halben Kopf kleiner war als der alte – für den das Gewand geschneidert worden war. Ahnt schon jemand, was dann passierte?
Nun: Am Tag der Aufführung war die Aula gesteckt voll mit Müttern und Vätern, Tanten und Onkeln, Omas und Opas, die sich alle von dem schönen Hirtenspiel auf das Weihnachtsfest einstimmen lassen wollten. Der Schulchor hatte mit seinen Jubelgesängen schon die Ouvertüre für das Drama abgeliefert, und nun lagerten sich die Hirten auf der Bühne malerisch um ihr künstliches Feuer. Auftritt des Erzengels! Mit gefalteten Händen nähert er sich den Hirten, breitet segnend die Arme aus und hebt an zu verkünden: »Fürchtet euch nicht …« Dabei schreitet er weiter auf die Hirten zu … tritt auf den Saum des allzu langen Gewandes … kommt ins Stolpern … und fällt vor den Hirten streckterlängs auf den Bauch. Dabei entfährt dem heiligen Wesen ein saftiger bairischer Fluch, den wir hier nicht wiederholen wollen! Die kleinen Hirten schauen darob genauso verschreckt drein, wie vor zweitausend Jahren die Hirten auf dem Felde. Aber nach ein paar Schrecksekunden sammelt sich der Oberhirte, erfasst die Komik der Situation und fängt nach ein paar heftigen Schnaufern zu kichern an. Und was wirkt ansteckender als sowas? Nix! Ein paar Augenblicke später jappst die Aula bis zur letzten Reihe hilflos vor sich hin und die ganze Andacht ist perdue. Zwischenzeitlich hat sich Angelika wieder aufgerappelt, aber in der Aufregung hat sie ihren Text vollständig vergessen. Lehrer Gratzel, der direkt vor der Bühne sitzt, will ihr zwar einsagen, aber er bringt vor lauter Lachen nur unverständliches Zeug hervor. Kurz entschlossen segnet der Himmelsbote stumm, aber würdevoll die armen Hirten, die nun leider in Unwissenheit, wovor sie keine Furcht zu haben brauchen, verharren müssen. Dann macht der Engel auf dem Absatz kehrt, rafft das unselige Gewand hoch und verlässt unter Zurschaustellung von roten Wollstrumpfhosenwadln und Haferlschuhen den Ort des Geschehens. Als sich das Publikum und die auf der Bühne verbliebenen Dar-

steller wieder beruhigt haben, machen sich die Hirten ganz ohne Verkündigung auf, den Stall und das Kind zu suchen und es anzubeten. Es wurde alles noch sehr rührend, obwohl der eine oder andere Zuschauer im Anschluss vielleicht doch meinte, am schönsten sei der gefallene Engel gewesen.

Übrigens: Dieser Zwischenfall hat dazu beigetragen, dass Angelika es fürderhin unterließ, jedwedem Ärger unter Verwendung bajuwarischer Schimpfwörter lautstark Luft zu machen – das macht sie jetzt eher inwendig (nur ganz selten geht ihr noch der Gaul durch). Und ein bodenlanges Gewand hat sie nie mehr getragen. Selbst das Hochzeitskleid, in dem sie wahrhaft engelsgleich aussah, hatte einen etliche Handbreit über dem Boden schwebenden Saum. Man soll ja nichts herausfordern, gell – ein Auftritt als gefallener Engel ist wahrlich genug!

Astrid Schäfer

Zwoa Engl aus Holz

Zwoa Engl aus Holz
san heit no mei Stolz –
ganz flach san s' bloß gsägt,
nix, was se bewegt.

Obwohl Jahrgang dreißig,
hebn s' d' Kerzal no fleißig
in würdiger Haltung
samt Flüaglentfaltung.

Weiß gwandt san s' mit Stern –
ma muaß des erklärn,
dann waar no zum sagn:
Vo Wolkn weadn s' tragn.

Blau ogmoin und waagrecht,
weil d' Engerl stehgn senkrecht,
dean s' achtzg Jahr scho hoitn
de himmlischn Gstoitn.

Was hat jetzt grod knackt?
Mei Katerl hat s' packt,
jetzt muaß i s' glei klebn –
a Zeit wead's scho hebn.

Lieselotte Weidner

Hosenhanna, Davids Sohn

Wir Weihnachtsmenschen singen gern, ob wir nun Gold in der Kehle haben oder Blech. Wir singen vom leise rieselnden Schnee, vom Froh-und-munter-Sein, von den süßer nie (aber etwas sentimental) klingenden Glocken und flotten Jingle bells, von laufenden Hirten und herbeikommenden Gläubigen, wobei manche Witzbolde auch schon mal »Herbei, o ihr Gläubiger« singen. Überhaupt schleicht sich das Weihnachtsteuferl gern in unsere Liedertexte, bläst unreifen Sängern in die Ohren, es müsse »O Tantenbaum« heißen statt »O Tannenbaum« – und von einer »gnadenbringenden Weihnachtszeit« könne man gar nichts runterbeißen, wohl aber von einer »gabenbringenden«. Zweifellos hat dieses Teuferl auch den allgemein bekannten »Owi« erfunden, über dessen Abstammung und Zugehörigkeit sich die Gelehrten streiten. Lässt man das Komma weg, ist er einwandfrei »Gottes Sohn Owi lacht«, also ein sonst nirgends erwähnter Bruder von Jesus. Setzt man hingegen das Komma, ist es ein anderer: »Gottes Sohn, Owi lacht« – vielleicht ein kichernder Hirtenbub oder ein lachender Engel wie der im Dom zu Regensburg? Der ist nämlich eine Rarität – lachende Engel sind äußerst selten. In der ganzen Geschichte wird zwar viel gejauchzt und frohlockt, aber vom Lachen wird nichts erwähnt. Nun sorgt der Owi, wer auch immer er sein mag, dafür, dass auch gelacht werden darf.
Eine andere biblische Gestalt, die unversehens aus einem Hörfehler ans Licht trat, ist die »Hosenhanna«. Sie hat sich in unserer Familie derart eingebürgert, dass nicht mehr nachzuweisen ist, wer sie ursprünglich erfunden hat. Jedenfalls kommt sie in dem schönen Lied »Tochter Zion, freue dich« vor – wobei wir unter der Tochter Zion nicht die Stadt Jerusalem verstehen, sondern eine Tochter derselben, ein liebliches, etwa sechzehnjähriges Mädchen in weißem Walle-walle-Gewand – und neben dieser schreitet besagte Hosenhanna, die sich als Davids Sohn

ausgibt, was man ihr bei der für Mädchen damals total unüblichen Beinbekleidung durchaus abgenommen haben mag. Wir sehen das plastisch vor uns: Die liebliche Tochter Zion mit Blumen im Haar, und an ihrer Seite die robustere Gefährtin Hanna, mit der das zarte Ziontöchterlein kaum Schritt zu halten vermag. So marschieren sie palmwedelschwingend durch die Straßen von Jerusalem, dem König zujubelnd, der da auf einem Esel einherreitet, was zwar eigentlich zum Palmsonntag gehört und nicht zum ersten Advent – aber so pingelig darf man mit den biblischen Geschichten nicht sein. Und so wird es wohl wieder das Weihnachtsteuferl gewesen sein, das aus »Hosianna, Davids Sohn« die Hosenhanna gemacht hat.
Übrigens fanden wir die Hosenhanna in unseren Tagen als Jungautorin wieder. Sie stammt aus Sizilien, genoss eine strenge konservative Erziehung und schrieb sich ihren Frust darüber von der Seele in dem Bestseller »Ich wollte Hosen«.

Jutta Makowsky

Mein Wunschzettel

Als ich in die erste Klasse der Grundschule ging und schreiben konnte, schrieb ich meinen ersten Brief und schickte ihn an das Christkind. Unsere Religionslehrerin, die uns im Advent Tag für Tag eine Weihnachtsgeschichte vorlas, über die wir uns freuen mussten, hatte uns gesagt, dass wir, wenn wir an Weihnachten die richtigen und nicht die falschen Geschenke erhalten wollen, einen Wunschzettel an das Christkind schreiben sollen, damit es weiß, was es uns am Weihnachtsabend mitbringen soll, wenn es auf die Erde kommt. Den Wunschzettel sollen wir dann an einen Platz legen, wo ihn das Christkind unbemerkt mitnehmen kann. An einem Abend schrieb ich dann, bevor ich ins Bett ging:
»Liebes Christkind! Du kommst doch an Weihnachten wieder zu uns auf die Erde und bringst Geschenke mit. Komm auf jeden Fall auch bei mir vorbei, auch wenn Du es eilig hast und noch andere Kinder besuchen musst. Ich wünsche mir einen Baukasten, den zu 89,60 Mark, der im Schaufenster bei Holzer, gleich bei der Trambahnhaltestelle ausgestellt ist, und den mir Mama nicht kaufen will, weil wir kein Geld zum Rauswerfen haben, hat sie gesagt, und weil wir wegen unserer neuen Limousine, die mir sehr gefällt, sparen müssen. Dann brauche ich noch dringend Farbstifte. Rot und blau brauche ich doppelt, weil ich gern in Rot und Blau male. Ich lege auch mein Zeugnis bei und bitte Dich, meine Noten zu verbessern. Papa verdirbt mir sonst meine Weihnachtsstimmung. Ich wünsche mir auch noch ein Fahrrad. Das, was ich jetzt habe, ist veraltet und aus dem letzten Jahr. Dafür brauchst Du meiner Schwester nichts mitbringen. Die kauft mit ihrem Taschengeld immer nur unnötiges Zeug, Schminksachen oder Süßigkeiten. Aber wenn Du ihr doch etwas mitbringen willst, dann bring ihr einen Wollhandschuh mit. Sie hat nämlich einen auf dem Schulweg verloren, aber es muss der linke Handschuh sein, den rechten hat sie noch. Meine Familie wohnt in der Beethovenstraße 7, im

3. Stock. Papa sagt, dass der Beethoven gut Klavierspielen konnte und seine Noten aufgeschrieben hat, weil er taub war und sie nicht hören konnte. Klingle bei Weber, das sind meine Eltern, die heißen so, seit sie verheiratet sind. Ich danke Dir schon jetzt für das, was Du mir mitbringst. Wenn Du mir außerdem noch eine Freude bereiten möchtest, lege noch ein paar Geldscheine dazu, denn damit werde ich kurz gehalten.«

Am nächsten Morgen legte ich dann meinen Wunschzettel auf das Fenstersims meines Zimmers, damit Mutti ihn nicht findet und das Christkind nicht lange in der Wohnung suchen muss. Schon am Nachmittag war der Wunschzettel nicht mehr da, das Christkind hatte ihn tatsächlich abgeholt, und ich freute mich schon vor dem Weihnachtsabend über die Geschenke, die mir meine Eltern nicht geben wollten, aber das Christkind bringt. Am Weihnachtsabend aber fand ich auf dem Gabentisch einen grünen Pullover, wo ich doch Grün nicht mag, und ein Märchenbuch, wo wir Kinder heute doch naturwissenschaftlich denken und schon früh aufgeklärt sind und wissen, dass es keine Zauberer und Hexen gibt. Die Geschenke, die ich auf den Wunschzettel geschrieben hatte, konnte ich nicht finden. Als ich Mama fragte, ob sie meinen Baukasten, mein Fahrrad und meine Farbstifte irgendwo gesehen hat, und warum mir das Christkind meine Wünsche nicht erfüllt, sagte Mama nur: »Vielleicht hat das Christkind sich geärgert. Es mag nicht, dass man Forderungen stellt. Es möchte, dass man bittet.«

Am Weihnachtstag zeigte mir dann Berti, der unter uns wohnt und mit mir in die gleiche Klasse geht, seine Weihnachtsgeschenke: einen wunderschönen Baukasten, Farbstifte und ein Fahrrad, das sogar eine Gangschaltung hat, und er schenkte mir einen roten und blauen Farbstift, den er nicht braucht, weil er ihn doppelt hat. Ich habe mich darüber sehr gewundert. Berti, der auch eine Schwester hat, die genauso schwierig ist wie meine, erzählte mir dann, sie habe den ganzen Weihnachtsabend geweint, weil ihr das Christkind einen roten Wintermantel brachte, obwohl sie einen blauen haben wollte, und nur einen Wollhandschuh.

Nach den Weihnachtstagen kam Bertis Mutti, die sonst nie zu uns kommt, und brachte meinen Wunschzettel, den ich an das Christkind geschrieben hatte. Er war von meinem Fenstersims auf ihren Balkon gefallen. Meine Schwester hat dabeigestanden und immer nur gelacht. Aber ich weiß schon, wie ich mich an ihr rächen kann. Als Papa am Abend nach Hause gekommen war, gab er mir mein Zeugnis. Er sagte nur: »Ich habe unterschrieben. Du weißt hoffentlich, warum ich deine Wünsche am Weihnachtsabend nicht erfüllt habe. Aber wenn du im nächsten Jahr meinen Wunsch erfüllt hast – ich habe nur einen – dann kannst du dich darauf verlassen, dass ich auch deine Wünsche erfülle.«
Jetzt habe ich mir vorgenommen, nie mehr einen Wunschzettel an das Christkind zu schreiben, weil die Gefahr besteht, dass er in falsche Hände gerät.

Walter Rupp

Nur Geschenke, die sich reimen ...

Wie jedes Jahr in der Vorweihnachtszeit machen sich die Menschen Gedanken, was sie wem schenken. Manche machen sich mehr Gedanken, andere weniger und manche scheinen bei der Gabenauswahl überhaupt nicht zu denken.
Und dann gibt's noch mich und ich schenke heuer nur, was sich reimt:

> Ich schenke meiner lieben Mama
> einen ganz kuschligen Pyjama,
> dann male ich für den Herrn Vater
> ein buntes Bild mit schwarzem Kater.
> 'nen Bildband über Oklahoma,
> den kriegt zu Weihnachten die Oma.
> Mein kleiner Bruder, er heißt Kai,
> bekommt ein Überraschungsei,
> und meiner Schwester, der Sibille,
> der schenk ich eine Sonnenbrille.
> Ich hab auch was für Tante Friedl,
> der komponiere ich ein Liedl,
> und für den Onkel namens Hein
> hab ich aus Marzipan ein Schwein.
> Für meine beste Freundin Anne
> hab ich gekauft 'ne Thermoskanne,
> die and're Freundin, die Therese,
> die kriegt 'ne Tube Majonaise.
> Ach ja, für den Cousin, den Walter,
> da bastle ich 'nen Teelichthalter
> und seine Schwester, die Sabine,
> bekommt 'ne gelbe Badgardine.
> Wem hab ich denn jetzt noch vergessen ...?
> Ganz klar, die Großtante aus Essen,
> ihr Vorname ist Edeltraud –
> sie kriegt 'ne Dose Sauerkraut.

Ihr Mann, Großonkel Theophil,
dem schenke ich ein Kartenspiel,
und unser Nachbar, der heißt Abel,
bekommt zu Weihnachten 'ne Gabel.
Ich werd auch an die Lehrer denken
und sie zu Weihnachten beschenken:
Da ist zum Beispiel die Frau Hopfen,
der schenke ich Melissentropfen;
der Mathelehrer, der Herr Spiegel,
bekommt von mir 'nen Schokoriegel.
Bei meinem Opa war's erst schwer,
nichts reimte sich auf »Opa« mehr,
zum Glück, da heißt er Ottokar,
kriegt drum 'nen Schnaps für seine Bar.

Meine Idee ist doch famos –
die Freude, die wird grenzenlos!
Doch wenn die andern auch so denken
und auch »was sich auf mich reimt« schenken,
dann schau ich dumm, denn ich heiß Lieschen ...
und da drauf reimt sich nur RADIESCHEN.

Elfie Meindl

Beim Christbaumstehlen

Der Helmbrecht Alisi von Simpering ist das, was man in Altbayern einen ausgschaamtn Baazi nennt. So zum Beispiel bedeutet es für ihn in keiner Weise eine Sünde, die man beichten müsste, wenn er eine Woche vor Weihnachten den Christbaum für das Fest aus dem Wald des Bürgermeisters holt. Ja, er betrachtet das sogar als Bewahrung alten Brauchtums, das man nicht sang- und klanglos aussterben lassen dürfe, wie es die Heimatpfleger allerorten mehr oder weniger überzeugend beschwören. Als der Alisi in diesem Jahr gerade wieder bei dieser Art von Brauchtumspflege ist, sprechen ihn zwei Polizisten an, die wie aus dem Nichts hinter ihm aufgetaucht sind, als er gerade Säge und Christbaum auf seinem alten Fahrrad mit nach Hause nehmen will.
»Haben wir dich endlich erwischt …!«, sagt der eine, und »Der Christbaum wird dich aber heuer teuer zu stehen kommen!« der andere.
»Da habts euch wieder amol gscheit täuscht …!«, widerspricht der Alisi. »Dös is nämlich mei Holz, und mit dem kann i macha, was i will. Wenn 's hoamkommts, nachher schauts euch amol den Katasterplan an, nachher wisst's Bescheid, für den Fall, dass 's überhaupt lesn könnts …!«
»Ja, wenn dös a so is«, meint der Ranghöhere der beiden Gesetzeshüter, »dann muaßt halt entschuldigen. Aber in der letzten Zeit habn sich a ganze Reihe Waldbesitzer beschwert, dass eahna vor Weihnachtn akrat die schönsten Christbaam weggholt werdn …«
»No ja«, meint der Alisi leutselig, »ös habts ös ja net wissen könna, dass dös mei Holz is … Aber weil's so vernünftig seids, könnt's euch nach Dienstschluss aa an Baam mitnehma, san ja gnua da …!«
Als dann der Helmbrecht Alisi wieder zu Hause ist und seinen Christbaum in der Holzschupfe abgestellt hat, telefoniert er anonym die Polizeistation an und berichtet, dass er eben aus

dem Wald zurückkomme und gesehen habe, wie zwei Christbaumdiebe im Revier des Bürgermeisters ihr Unwesen trieben. Wenn sich die Herren Beamten bemühten, können sie diese Burschen noch abfangen ...
Was dann auch tatsächlich geschieht.

Josef Fendl

's Christbaamkaffa

Kimm, richt di zamm, mia fahrn jetz an Supermarkt zum Christbaamkaffa ... – sagt sie.
An Baam kaffa? Gar nia ned! Den hol i, wiar a jeds Jahr, im Woid! – sagt er.
Nix da, heuer werd da Baam kafft und ned gstoin! Dass di eisperrn aa no! – schimpft sie.
Wenn se de Mei was eibuid! – brummt er.
Kurze Zeit später im Supermarkt
Mei schaug, so a scheena Baam, kerzngrad steht er do! – strahlt sie.
Was kostn der dann? – fragt er.
Gar ned vui, fünfazwanzg Euro bloß! – sagt sie.
Bist narrisch, so vui Geld für an Christbaam. Um des hätt' i ja heier glatt no zwoa Mass Wiesnbier kriagt – grantlt er.
Du denkst bloß ans Sauffa, schaam di! – schimpft sie. – Na nehma hoid an billigern. Schaug, do waar oaner für fuchzehn Euro.
Den do? So a greislicher Krüppl. Und nadeln duat der scho! Naa, koan Cent gib i für so a Graffe aus! – raunzt er.
Psst, d' Leit schaun scho her! – flüstert sie.
Des is mir wurscht! – schreit er.
Woaßt was, du machst jetz dein traditionellen Weihnachtsspaziergang an Woid außa, und do holst den Baam, der dia gfoid! – bestimmt sie.

Annemarie Köllerer

Brandaktuell: Der Bio-Christbaum mit Edel-Ständer

Mei, jetzt wird's aber fei echt Zeit!
Schlägt doch eine »Arbeitsgemeinschaft Bayerischer Christbaum« schon Wochen vor Weihnachten Alarm: Wer zu spät kommt, den bestraft der Russ. Weil: Der und andere Ostvölker kaufen heutzutage gnadenlos den Markt von Nordmanntannen leer. Schon bald bleibt uns vielleicht bloß noch ein heimischer Fichtenkrüppel. Der sei allerdings wenigstens »ökologisch besser«, weil nicht viele Hunderte Kilometer weit auf dem Lkw herbeigedieselt. Glaubt man den hiesigen Verbandslobbyisten, dann bietet deswegen die Bio-Marke »Bayerischer Christbaum« eine höhere Qualität, noch dazu, wenn sich das gesunde Stück mit dem Astro-Siegel »Mondphasen geschlagen« schmücken darf.
Sonstiger Baumschmuck: Auf zig Christkindlmärkten ist zwar wieder viel Weihnachtsflimmerglimmer im Angebot, doch diesmal ohne einen dominanten neuen Trend. Allerdings geht's längst nimmer so bescheiden zu, wie es einst der Münchner Christian Morgenstern bedichtelt hat: »Es war einmal ein Tännelein / mit braunen. Kuchenherzelein / und Glitzergold und Äpfeln fein / und vielen bunten Kerzelein. / Das war am Weihnachtsfest so grün / als fing es eben an zu blühn.« Hatte damals der Poet vielleicht ein Becherlein zu viel Glühweinlein (mit Schuss) derwischt? Heutige Happigpreise fürs Weihnachts-Grünzeug hätten ihn schnell ernüchtert.
Dabei ist selbst der teuerste Baum noch ziemlich billig, wenn man dazu einen Edel-Ständer in gehobener Preislage wählt. Sowas kann locker mit 85 oder sogar 100 Euro ins Konto schlagen. Soll's aber gar ein zwölf Kilo schweres Stück »Schwedischer Grauguss aus verlorener Form« sein, so ist man erst mit mindestens 250 Euro dabei. Hätte einst schon der Urururgroßvater sowas Gusseisernes angeschafft: Man brauchte in

alle Ewigkeit oder mindestens für die nächsten zehn Nachkommen-Generationen nie mehr einen Christbaumständer zu kaufen.

Helmut Seitz

Immerwährender Christbaumständer

Unser Christbaumständer
kimmt nia in n Speicher nauf.
Wenn net da Baam drinsteckt
hoit ma d Tür damit auf,

damit s aa im Schlafzimmer durchhoazt –
So ham ma immer
an Hauch von Weihnachten
im Zimmer.

Franz Ringseis

Weihnachtswanderschaft eines alten Bierkruges

Wenn die Tante Berta, die Frau von unserem verstorbenen Onkel Beppi, nicht immer solche Stielaugen auf den schönen alten Enziankrug geworfen hätte, wäre nichts passiert. Den Krug haben wir von unserem Urgroßvater geerbt. Es ist ein Steinkrug mit einem zinngefassten, mit Enzian und Almröserl bemalten Porzellandeckel und einem Konterfei vom König Ludwig II. im Boden des Kruges.
»Mei, wia schee is doch der Kruag und, gell, oiwei hat der Beppi draus trunkn, wenn ma bei eich warn. Dees war sei Kruag.« Und dabei sind der Berta ein paar Wasserburger auf das Schwarzseidene getropft. »Wissts ihr no, wia da Beppi oiwei gsagt hat, den Kruag miaßt's heilig haltn?« Freilich haben wir uns daran mit großer Rührung erinnert, und wie wir die Rührung nicht mehr recht ausgehalten haben, haben wir heroisch beschlossen, den Krug der Tante Berta zum nächsten Christkindl zu schenken, weil sie selber ja auch gerne Bier getrunken hat. Wunderschön in einer passenden Weihnachtsschachtel verpackt, landete er mitsamt einem Tragl König Ludwig Dunkel auf dem Gabentisch bei der Berta. Ja mei, war dees a Freud. Dabei schimmerte es wieder feucht in ihren Augen und wir schauten von Herzen wohltätig zurück.
Ein Weihnachten später waren wir beim Lehrer a. D. Meinrad Zeislhuber eingeladen, auf den die liebe Witwentante Berta seit geraumer Zeit ein Auge geworfen hat. Es gab zur Brotzeit König Ludwig Dunkel – ja – aber was war denn das? Aus unserem Urgroßvater-Krug trank der Zeislhuber a. D.! Die Berta meinte verlegen, mit wieder nassen Augen, dass es dem Beppi bestimmt recht wäre, dass den Krug jetzt der hochgeehrte Herr Lehrer kriagn taat, wo er und i – ihr wisst's scho – gell? Und da hab i mir denkt ...
Wir haben uns denkt, dass manchmal das Denken nicht immer

das Beste ist. Vor allem hätten wir den Krug gerne wieder in unserem Eckschrank in der Stube gehabt. Aber seine Odyssee war noch nicht zu Ende. Herr Zeislhuber a. D. wollte nach Weihnachten das Biertrinken aufhören, weil der Doktor und die Berta gemeint haben, dass seine Bierwampn gesundheitsbedrohlich wäre. Den lieben alten Krug hat er dann für gutes Geld an den Antiquitätenhändler Xaver Rostbichler verkauft. Der Onkel Alois hat ihn im Laden entdeckt und gemeint: »Ja, dees is ja der gleiche Kruag, den d' Annamirl und der Hans (das sind wir) habn. Den kriagn s' an Weihnachtn von mir, na hat a jeda oan. Dee wern schaugn!«
Und wie wir geschaut haben, wie unser alter Krug mit schöner bayerischer Rautenschleife und einem Tragl König Ludwig Dunkel unter dem Christbaum gestanden ist. Mei, wia schee!
Aber die Tante Berta lassen wir daraus nicht mehr trinken – und wenn es noch so tränenreich aus ihren Augen schimmert. Prost, Onkel Beppi!

Ingrid Hagspiel

An Emilie
Zum 24. Dezember 1862

Es ändern im Leben sich die Dinge,
Lahm wird der Schwung, lahm wird die Schwinge,
Die Liebe, die sonst im Äther schwamm,
Sie steigt hinunter zu Seife und Kamm.

Der Kamm für zwölf einen halben Groschen
Ist aus einem Laden mit Gummi-Galoschen,
Die Seife (aus einem kleinen Basar)
Wohl nie bei »Treu und Nuglisch« war.

Sei's drum; wenn ich es recht begreife,
Ist gar nicht so übel der Kamm und die Seife,
Und war auch die Lieb einst noch so stramm,
Noch strammer ist Liebe mit Seife und Kamm.

Nur stramme Liebe, ums recht zu bedenken,
Kann's wagen, Kamm und Seife zu schenken,
Und glücklich die Ehe, wo Frau und Mann
Sich Kamm und Seife schenken kann.

Theodor Fontane

Weihnachtspapierl suacha

Sag amoi, Annamirl,
wo isn s Weihnachtspapierl,
wo doch vom letztn Jahr
no sovui übrig war?

Sag bloß, du woaßt as net!
Jeds Jahr is s söibe Gfrett,
bloß zwengs dem Weihnachtspapierl –
Denk holt nach, Annamirl!

Oiso naa, wüsst i s net gwiss,
dass s in da Schuaschachtl is
von deine Pömps, deine grüna,
und aa as Schnürl is drinna.

Ja, wo hast as denn hi?
Jeds Jahr da plag i mi
und legs wunderbar zamm,
dass ma s na doch net ham,

grad wenn ma s braucht.
Und dees iss, was mi schlaucht,
was mi so greisli stresst.
Da soist di na frein aufs Fest!

Jessas, da liegts ja, mittn
unter de Staubsaugertütn.
Da hast as du hito –
wia ma s nur dahi toa ko.

Oiso, jetzt bin i froh.
Auweh, dees is fei scho
nimmer recht rar –
I hab gmoant, dass s no besser waar.

Pfenningguat is ja no s Schnürl.
Aber dees Weihnachtspapierl
müaßat ma striegln
und dann schee bügln.

Und na iss doch nix Gscheits,
und d Leit sagn: Dene leidts
net amoi s Weihnachtspapierl –
Kaaf a neis, Annamirl!

Franz Ringseis

»Brüv« ans Christkind

»Morgen, Kinder, wird's nichts geben!«, zitierte Opa Hans den Lieblingsschriftsteller Erich Kästner, um seinem Enkelkind einen eher kritischen Gedanken an das Weihnachtsfest nahezubringen. Fiona, gerade mal in der ersten Klasse, schaute Hans streng an, denn wie es in der modernen Zeit üblich war, wurde er von seinen Enkeln beim Vornamen gerufen. Das passte auch besser zu ihm, der in Altachtundsechziger-Manier mit Jeans, T-Shirt, Lederjacke und Turnschuhen, drahtig die Gerechtigkeit verteidigend, nicht in ein herkömmliches Opaschema passte.
Durch die vordere Zahnlücke der kleinen Fiona gesprochen, klang der Name Hans aber eher wie »Has«. Zornig lispelte sie: »Ich will aber was, schau mal, Has!« Unwillig ob der geschenklosen Aussichten zeigte sie eine beachtliche Schnute und überreichte ihm ein bunt bemaltes Papier mit Weihnachtszweig und Christbaumkugeln. Auf dem kindlichen Kunstwerk stand:
»Brüv ans Christkind
Ich wünsch mir eine Schachuhr.
Liebe Hanz; sag das bitte dem Christkind!«
Hans lobte die Zeichnung und übersah großzügig die etwas fehlerhafte Rechtschreibung. Er zitierte mehr für sich selbst weiter Erich Kästners Gedicht von 1928: »Puppen sind nicht mehr modern« und fragte Fiona: »Warum wünschst du dir ausgerechnet eine Schachuhr?« Das enkelkindliche Begehren übertrumpfte seine Erfahrungen mit moderner Erziehung und er wartete gespannt auf die Erklärung
»Weißt du, Has, ich besuche in der Schule einen Sachkurs!« Verblüfft über die neuen Strategien in bayerischen Schulen interessierte er sich: »Was lernt ihr in der Schule, Schach?«
Fiona holte ein kleines Magnetschachspiel aus dem Schrank, klappte das Brett auf, positionierte routiniert die Figuren und forderte ihren Opa heraus. Hans staunte nicht schlecht, als sie

nach einigen Zügen hinter ihrer Brille die Augen rollte und lispelte: »Sach!«

Hans, der sich jetzt endlich konzentrieren wollte, überlegte einige Zeit, was Fiona nutzte, um ihren Wunsch ans Christkind Nachdruck zu verleihen: »Siehst du, Has, das Christkind muss mir eine Sachuhr bringen, sonst warte ich eine Ewigkeit, bis du fertig spielst!« Opa gab sich nicht nur schachmäßig geschlagen, sondern verzichtete ab sofort darauf, Fiona eine kritische Sicht auf das Weihnachtsfest näher zu bringen. Statt dessen wunderte er sich über ihre Bescheidenheit, denn schließlich hatte sie nur den einen Wunsch ans Christkind formuliert.

»Soll ich dem Christkind nur deinen Schachuhren-Wunsch sagen, oder hättest du noch einen Einfall für ein Geschenk, das dir das Christkind bringen könnte?«, fragte er die Kleine. Mit dem Finger am Mund und einem geflüsterten: »Bscht!« zeigte Fiona ihrem Opa, dem sie voll vertraute, eine ganze Schachtel voller »Brüve« ans Christkind. Die liebevoll gemalten Blätter mit verschiedenen Weihnachtsmotiven erhielten je einen Wunsch ans Christkind und dazu den Namen eines oder einer der Onkel, Tanten und Bekannten – mit der Bitte, Fionas »einzigsten« Wunsch dem Christkind mitzuteilen. Ein Pony zum Reiten, einen Kuschelbären, eine Puppe mit roten Haaren, ein Geisterbuch – kurz: alles, was ein Kinderherz begehrte, war auf den Blättern zu lesen.

Opa lachte und war stolz darauf, der Vertraute seiner Enkelin zu sein, dem sie ihr »Christkindbrüv«-Geheimnis verraten hatte. Ein bescheidenes Kind, das sich von jedem der »kapitalkräftigen« Erwachsenen nur wünschte, Fürsprecher für sie beim Christkind zu sein. Opa Hans dachte lange nach über »Morgen, Kinder, wird's nichts geben«. Die kleine Schachspielerin hatte seine ewige Frage nach der gerechten Verteilung des Kapitals in ihrer kindlichen Einfachheit ziemlich durcheinandergebracht.

Monika Ringseis

In letzter Minutn

Was dua i, was mach i,
was fang i bloß o?
I hab no koa Gschenk
für mein Buam und mein Mo!
Was soll i bloß macha,
was soll i bloß doa?
I hab no koa Gschenk
für de zwoa!

Alle Jahr is's desselbe,
jeds Jahr is's aso,
i schiab's oiwei auße,
und d' Zeit rennt davo.
Und eh i mi umschaug,
is's wieder soweit,
und i bin wia jeds Jahr
so gscheid!

Und alle Jahr wieder
passiert mia de Gschicht.
Des Weihnachtsgschenk-Kaffa,
des is so a Pflicht
de i vor mia herschiab
bis's gwiss nimmer geht,
und dann is's, wia alle Jahr,
z'spät.

Doch nächsts Jahr, des schwör i,
da kaaf i früah gnua
de Gschenka für d' Oma,
für'n Mo und für'n Bua.
Und nacha vasteck i s'
im Eck wo, ganz hint,
und hoff, dass i s' dann aa
an Weihnachtn findt.

Maria Jelen

Vorweihnachtliche Signierstunde eines bayerischen Poeten

Am Samstag im Kaufhaus,
es werd langsam Winter.
Am Tisch a Stoß Biacha
und i hock dahinter.

D' Leit sausn vorbei,
manche glotzn mi o.
»Sie, wo san Toilettn?«,
fragt oamoi a Mo.

Da kummt a Japaner
und bladlt grad rum!
Dann schaugt er si
nach'ra Verkäuferin um.
Dera gibt er mei Buach
und ma packlt's eahm z'samm.
Werd ned vui davo ham …

Franz Freisleder

Weihnachtslesungen

Der Fußballclub FC Hagelgnack, dessen Mitglieder alle Fußball-Klassespieler namentlich aufzählen können wie das kleine Einmaleins, veranstaltet heuer seine Weihnachtsfeier im Nebenzimmer seiner Stammwirtschaft »Zum letzten Freistoß« in Trudering. Dazu hat der Vorstand den landkreisbekannten Mundartdichter Julius Xaverl Kreiselbeiß eingeladen, der aus seinem Werk Weihnachtliches lesen will. Der Vorstand hat Kreiselbeiß eingeschärft, ausschließlich lustige Sachen zu lesen, da die besser zum Punsch und zum Freibier passen. Außerdem wollten die ganztägig berufsgestressten Amateurfußballer am Abend »nicht mehr denken«, was ja verständlich war. Kreiselbeiß versprach irritiert, sich danach zu richten.
Der Vorstand ermahnte den Dichter obendrein, langsam und verständlich zu sprechen und seinen bairischen Dialekt ein bisschen dem Hochdeutschen anzupassen. Dafür dürfe er Punsch trinken, soviel er wolle, und ein warmes Abendessen würde ihm zusätzlich gratis gereicht. Auch Bücher solle er mitbringen, die ganz gewiss an die Fußballbegeisterten verkauft werden könnten. Etwas von oben herab setzte der Vorstand noch hinzu, dass sein Verein eigentlich Uwe Dick und Ottfried Fischer zur Lesung eingeladen habe, doch diese Herren leider aus Termingründen nicht Folge leisten könnten. Sie bedauerten das sehr. Von Honorar war keine Rede. Dafür würde ihn eine sechsköpfige Blaskapelle begleiten, die extra für den Verein FC Hagelgnack einige besinnliche Weihnachtsweisen einstudiert hatte. Auch die Bläser seien stolz darauf, für den Verein spielen zu dürfen. Kreiselbeiß nickte und setzte sich auf die kleine Bühne, an ein Tischchen mit Tannengrün und einem roten Kerzengesteck.
Bald darauf füllte sich der Raum mit Fußballern, Fans und weiblichem Begleitpersonal. Angezapft wurde, und nach dreißig Minuten war das erste Fass leergetrunken. Zwischendurch heizte man sich mit Punsch den kalten Magen auf. Schüchtern

begann der Dichter mit seiner Lesung. Einige Kinder strebten interessiert zur Bühne vor, hörten Julius Xaverl Kreiselbeiß eine Weile zu und gingen dann zum interessanteren Fangsterl über. Kein Mensch nahm mehr Notiz von dem Dichter, der seine Lesung so rasch wie möglich hinter sich zu bringen gedachte. Erst als die Bläser »Stille Nacht, heilige Nacht« schmetterten, stellte das Publikum Gläser und Krüge auf die Tische, um Applaus zu spenden. Dann unterhielten sie sich weiter, tranken, und der Dichter las wie zuvor. Hin und wieder vom Punschglas nippend, was niemand wahrnahm, um elf Uhr waren alle besoffen. Inklusive Julius Xaverl Kreiselbeiß.
In einem Nachbardorf zog die einheimische Baufirma »Hoch und Schief« ihre Betriebsweihnachtsfeier ab. Dazu wurde ein köstliches kaltes Büfett aufgebaut. Das weihnachtlich herausgeputzte Festpublikum stand und saß schlampig im Saal herum und wurde seit siebzig Minuten im Nonstop-Alleingang von einem bekannten Dichter bequatscht. Seine leidenschaftliche Rede hatte irgend etwas mit einem neugeborenen Kind in Hinterindien zu tun. Nach dem Umfang seines Manuskriptes zu urteilen, würde er noch gut dreißig Minuten zu tun haben, bis die Hintergründe der Geburtswehen dieses neugeborenen Kindes in Hinterindien restlos geklärt waren. Dem Publikum lief bereits, nicht mehr zu verbergen, der Speichel aus dem Mund. Die Damen und Herren hielten sich krampfhaft an ihren Kir-Royal-Gläsern fest, deren Inhalt allmählich zu kochen begann. Der Betriebsratsvorsitzende schwor sich insgeheim, ab dem nächsten Jahr mit dieser Tradition der Weihnachtslesungen rücksichtslos zu brechen. Ihm reichte es nun endgültig. Voriges Jahr hatte er einen Dichter als Gast gehabt, der betrunken vor das Mikrofon trat und nach einigen Worten mitsamt dem Mikro umfiel. Er hatte im Liegen weiterlesen wollen, womit allerdings die Festgäste nicht einverstanden waren, da sie ihn nicht mehr sehen konnten. Zwei Stunden später wäre es auch ihnen egal gewesen, da sie dann selbst die Englein singen hörten …

Werner Schlierf

De staade Weihnachtsfeier

»Jeds Jahr«, so sagt Buchhalter Meier,
»gfrei i mi auf de Weihnachtsfeier.
Sie is besinnlich, staad und schee,
do kannst vor Andacht grod vergeh!«

Z'erst redt da Chef, der brave Mo;
glei fangan oa zum kichern o …
Dann spuit de Stubnmusi so zeam,
bloß d' Resi macht an Riesenlärm.

»An Schweinsbratn gibt's, aa Schnitzl no«,
plärrt sie so laut, ois wia s' grod ko.
Scho bringt s' daher a etlich Mass:
A Freibier gibt's, is des a Spaß!

Da Chef tanzt jetz, draht se wuid rum,
am Eck hint fallt da Christbaam um.
Da Moaster no a Liad ostimmt –
grod den Moment da Niklaus kimmt.

Des Engerl bei eahm, so vui nett –
vom Schreibbüro, de brav Jeanett.
Uih, hat de a kurzes Röckerl o –
und goidne Flügl hat s' no dro!

Da Niklo woaß vo jedem was …
So mancher werd a wengerl blass.
Glei drauf teilt 's Engerl Packerl aus,
de holt sie aus seim Sackerl raus.

Jetz liest d' Frau Moaster Weihnachtsgschichtn:
De duat s' fei oisamt selber dichtn!
Sie hört ned auf, kriagt gar ned gnua,
dawei hört ihra koaner zua!

»Die Hände zum Himmel«, singt da Meier –
des Liad passt so guat zur Weihnachtsfeier.
Da Rentnertisch is jetz auftaut,
schreit »Rucki, Zucki …«, sovui laut!

De Stimmung is jetz ganz famos.
Niklaus hat 's Engerl auf seim Schoß.
»I gfrei mi scho«, lallt Buchhalter Meier,
»auf de nächst besinnlich Weihnachtsfeier!«

Annemarie Köllerer

Der kleine Weihnachter

Eine jede heilige Zeit hat eigene Festspeisen: Ostern das Osterlamm, der Karfreitag den Karpfen; auf Pfingsten schickt sich gar ein Ochsenbraten. Und an Weihnachten redet man in der Stadt von der Weihnachtsgans. Früher, als die Stadtleut' auch noch Schweine gefüttert haben und es noch Rennsäue gegeben hat, haben sie auf Weihnachten auch das Schweinerne gegessen. Denn die Gänse hat man in der strenggläubigen alten Zeit nur auf Martini gebraten.
Die Winkeladvokaten, Stadtschreiber und Magistratsknechte, die Stadtpfeifer und Poeten, die Torwärtl und Flickschneider, die alten Weißnäherinnen und kleinen Logisleut haben sich freilich auch früherszeiten schon mehr an den kleinen Weihnachter, an die Weihnachtsgans, halten müssen.
Die kuraschierten Bäuerinnen sind selber in die Stadt gefahren und haben auf den Märkten, in der klirrenden Kälte, ihre Gänse feilgeboten. Die vornehmen Stadtmamsellen spielten vor den kurzangebundenen Bäuerinnen die schwierige Kundschaft. Es kam zu grotesken Szenen und merkwürdigen Dialogen.
»Aber meine liebe Bäuerin, diese Gans hat ja eine ganz blaue Brust!«, beanstandete die kgl. Frau Unteraufseherin die wohlfeile Ware der Luxbäuerin von Reamading. Aber die Luxin war nicht auf den Mund gefallen.
»Ja sie schaugts o! Ihrer passert die zarte Haut von meinm Ganserl net! Ja leng Eahna Sie bei dera Kältn amal zwoa Tag lang da nackert hera, nachand kriagn S' aar a blaue Haut!«
Was ist denn das Beste an der Weihnachtsgans, fragt Archangelus a sancto Georgio, ein bayerischer Barockprediger. »Nit der Kragen und nit der Flügel, nit das Haxl und nit die Brust. O nein! Das beste an der ganzen Gans ist das Rupfen. Sie lasset sich rupfen bis auf die Haut und ist so ein Symbolum der sonderbaren Lieb des Christkindleins, das sich später hat auch rupfen lassen für uns sündhafte Menschen bis ans Kreuz.«

Georg Lohmeier

Apropos Thomasnacht

Voll Zauber is die Weihnachtszeit.
An oan, da glaubn vui Leit no heit.
I denk da an die Thomasnacht.
Da traamst, hoaßt's, was die Zukunft macht.
I sag Eich, wiar a war,
mei Traum vom *letztn* Jahr:

Am Stachus stenga Leit beinand;
a paar sogar im Trachtengwand.
Die schaugn si o, bleim aber stumm
und gebn dabei a Bladl rum.

Aufs Bladl war was auffidruckt,
doch d' Leit ham mit da Achsel zuckt,
denn von de ganzn Fraun und Männer
hat des ned oana lesn kenna.
Sie werfas weg, und i heb's auf:
Da war a boarischs Verserl drauf.

Franz Freisleder

Die Rau(sch)nacht des Alois Silbernagel

Ursprünglich hatte man ihm nach seinem Vater und Großvater den Taufnamen Alois gegeben. Aber nach jener denkwürdigen Nacht zwei Tage vor Heiligabend musste er es sich gefallen lassen, dass er als der Loas-Loisl in die Dorfgeschichte einging. Namentlich das erste der beiden Wörter sprach man betont genüsslich aus, wobei jeweils der Schalk in den Augen des Sprechers aufblitzte und der Lautmalerei einen besonderen Nachdruck verlieh.
Alle mit der bayerischen Sprache halbwegs vertrauten Menschen wissen, dass mit der »Loas« ein Mutterschwein gemeint ist. Wie ein solches freilich dem Alois Silbernagel zum Namenspatron wurde, ist eine nicht alltägliche Geschichte.
Beim Neuwirt begann sie jedenfalls. Zum Schafkopfen hatten sich der Gutsverwalter, der Metzger, der Schmied und natürlich, als leidenschaftlichster Kartenspieler in der Runde, der Schreiner Loisl zusammengefunden. Und bald dröhnte unter den Trümpfen der Männer die blanke Ahornplatte des Tisches, dass man befürchten musste, sie wollten Kleinholz daraus machen.
Das gewonnene Geld wurde diesmal, einem vom Schmied eingebrachten Vorschlag zufolge, auf Heller und Pfennig in Bier und Schnaps umgesetzt und gleich an Ort und Stelle gemeinsam vertrunken. Und weil der Loisl, wie bekannt war, zwar als gewiefter Kartler seinen Mann stellte, aber sonst wenig vertrug, machten sich seine Schafkopfbrüder einen Spaß daraus, ihm besonders aufdringlich zuzuprosten. Dabei nahmen sie es mit ihren Herausforderungen nicht so genau, und es war Ehrensache, dass er sich nicht länger einen »Trenser« heißen lassen wollte, sondern auch hier versuchte, seinen Spezln zu beweisen, was er verkraften konnte. So gerieten auch sie nach und nach aus Schadenfreude über den immer bedenklicher werdenden Zustand des Loisl in eine derart ausgelassene Stimmung, dass der Wirt zur Sperrstunde alle Tricks anwen-

den musste, um seine Gäste endlich zum Heimgehen zu bewegen.

Draußen war in den vergangenen Stunden jener Szenenwechsel erfolgt, der hierzulande nichts Außergewöhnliches ist, der jedoch den schwankenden Gestalten buchstäblich den Boden unter den Füßen wegzog: Ein jäh einfallender Föhn hatte nämlich alle Wege und Straßen in spiegelglatte Eisbahnen verwandelt. So war es ein grotesker Anblick, wie die Männer, die sonst Wert darauf legten, eine respektierliche Figur zu machen, sich auf allen Vieren fortbewegten und dennoch kaum vom Fleck kamen. Während es jedoch jene, die ihren im Tal liegenden Domizilen zustrebten, bald leichter hatten und schnell darauf kamen, dass ihr Hinterteil für Bremszwecke unerlässlich war, hatte es der Loisl, dessen Wohnstätte auf einer Anhöhe lag, ungleich schwerer. Kaum hatte er unter größter Anstrengung ein paar Meter gewonnen, so genügte die kleinste Unachtsamkeit, dass er wieder den ganzen Weg mit aller der Schwerkraft eigenen Vehemenz zurückrutschte. Zwei-, dreimal krachte er demzufolge mit solcher Wucht gegen die Haustür des Sixtbauern, dass dieser schließlich aus tiefem Schlaf erwachte und auf den Pumperer aufmerksam wurde. Und weil es eine moralische Pflicht ist, dass ein Christenmensch dem andern hilft, nahm sich der Bauer nach ein paar unwirschen Maunzern des Loisl an. Nachdem dieser inzwischen jedoch alle untrüglichen Merkmale einer Bierleiche aufwies und zudem das Glatteis jede andere Hilfsaktion unmöglich machte, zog ihn der Sixt ins Haus. Dann aber, als er einerseits an seine kritische Bäuerin, andererseits aber auch an den fragwürdigen Zustand seines ungebetenen Gastes und die damit zusammenhängenden unausbleiblichen Folgen gedacht hatte, schleifte er ihn in die nächstbeste Ecke des angrenzenden Stalles. Ein paar Arme voll Stroh als Liegestatt waren schnell herbeigeschafft, ebenso ein Woilach als Zudecke.

Was den Loisl später veranlasst hat, sein Lager zu verlassen, kann man leicht erahnen. Gewiss ist jedenfalls, dass er sich nachher in der Finsternis verirrt und, vielleicht von der Wärme der Muttersau angezogen, bei ihr Zuflucht gesucht hat; zu ihrer Ehre sei vermerkt, dass sie trotz ihrer Schwergewichtigkeit äußerst rücksichtsvoll und von mütterlicher Sanftmut war. Letztere ließ sie auch ihrem Schlafgänger angedeihen, dem es in einer instinktiven Anwandlung von Dankbarkeit ein Bedürfnis war, einen Arm um die wohlgerundete Taille seiner Schlafgefährtin zu legen.

So fand ihn der Sixt am Morgen. Und es war durchaus ein Bild der Eintracht und des Friedens, das dieses ungleiche Pärchen ausstrahlte. Weil aber eine Kuriosität selten allein bleibt, passierte es, dass der älteste Sohn Stefan, vom schallenden Gelächter seines Vaters angelockt, nichts Eiligeres zu tun hatte, als seine Fotokamera mit dem Blitzgerät zu holen, um dieses Stillleben auf den Film zu bannen.

Wie nicht anders zu erwarten, ging bald darauf dieses Corpus delicti in Form eines gelungenen Farbfotos von Hand zu Hand und sorgte in der Gemeinde für überschäumende Heiterkeit und für eine wachsende Popularität der Person des Schreiners. Wobei sich wieder einmal das alte Sprichwort bewahrheitete: Wer den Schaden hat, braucht für den Spott nicht zu sorgen. Freilich, auch wenn diese Raunacht seine letzte Rauschnacht war, der Name Loas-Loisl ist ihm geblieben – bis auf den heutigen Tag.

Günter Goepfert

Herbergsuche oder:
Dreimal Wohnungsnotstand

Im Jahr 0
Die Herbergsuach, die i da moan,
wer die ned kennt – da gibts wohl koan:
Zwoa stenga drauß bei Wind und Weda,
doch zuahaun duad sei Tür a jeda.
Da huift koa Bittn und koa Flenna,
obwohl s' jedn Augnblick drei sei kenna …
A Stall, a Krippn, a Bund Stroh
war z'letzt ihr Rettung – warn die froh!

Im Jahr 1945
A Schuttberg in ara Straß in Loam,
des war am Beni sei Dahoam,
bevor a im Feld drauß gwen is
und wia des no a Haus gwen is.
A Öferl daad eahm oana borgn,
a Holz daad a si selber bsorgn,
zum Wärma hätt a no a Deckn –
jetzt braicht a hoid no wo a Eckn …

In der Gegenwart
Da Kevin, der jetz Jus studiert,
is seit acht Wocha schwer frustriert:
koa passends Appartmaa ned findt a,
dabei is 's doch scho koid und Winta.
Bei seine Eltern is' eahm z' bläd,
wo dann sei Zimmer leer da steht,
drauß in da Villa in Greawoid –
habts hoid a Herz und helfts eahm boid!

Franz Freisleder

Wias Christkindl von Atzlbach verschwunden is

Alle Jahr, wann die staade Zeit strumpfsockert die Staffeln zur Heiligen Nacht hinaufsteigt, um die Geheimnisse nicht zu verscheuchen, ist auch der Mesner Flori in den dickleibigen Glockenturm der Dorfkirch' von Atzlbach gekraxelt. Alle Jahr hat er dabei im Speicher über der Glockenstube, wo die Fledermäus im Winter ihre Schlafkammer haben, mit dem gleichen nissigen Querbalken vom Dachstuhl saure Bekanntschaft gemacht. Alle Jahr hat er mit einem Mordsbinkel am Hirnkastl und einer sorgsam gestemmten Kiste den Rückweg über die Wendeltreppe angetreten, bis er seine Last unter der Empore, gleich beim Taufstein, abladen konnte. Stück für Stück hat der Flori dann aus der Kiste heraus das Heilige Land entstehen lassen, in einer Weis, dass es schier zum Verwundern war. Denn der Flori ist niemals kein bissel nicht in Palästina hinten gewesen. War auch zu viel Wasser dazwischen. Und in der Schul war dieser abseitige Erdenfleck auf der Landkarte so winzig wie der verwachsene Nagel von seinem kleinen Finger gewesen. Aber der Flori hat halt ein inwendiges Geschau gehabt, bal er, nicht viel anders als Gottvater bei der Schöpfung, seine bethlehemitische Landschaft entstehen ließ. Sogar ein Weiher aus hellblauem Hauchpapier war dabei und ist ganz echt dem Mooshügel mit dem Kripperlstall zu Füßen gelegen, nicht ohne dass ein silbrig blinkender Stanniol-Bach geschäftig durch die Gegend lief. Über der notigen Geburtsstätte des Heiland, deren Verputz der Wüstenwind wohl radibutz abgenagt hatte, weit schiecher noch, wie das beim Brunnhäusl der Fall war, hat der Flori dann den goldenen Stern mit dem Kometenschweif hingezaubert, sodass man hätte meinen mögen, der stünde freiweg in der Luft.
Aber erst gar, als der Flori die geschnitzten Leut hat lebendig werden lassen! Als da sind die Hirten mit den zerzausten

Biberbärten und den rundlichen Glatzen, die es auf ihrem Weg zum Neugeborenen höchst pressant hatten; weiters die heilige Mutter Maria, zärtlich vor sich hinblickend, und Sankt Josef, etwas gschamig abseits an eine kaputte Säule gelehnt; nicht zu vergessen die ganze Herde von Schafen mit einem Pelz aus wuckeliger Wolle, wo sich das Scheren wohl verlohnte; nachher die feiste Pracht von einem Ochsen, der in natura gewiss seine zwanzig Zentner gehabt hätte; brüderlich daneben ein Grauschimmel, eigentlich mehr ein ortsübliches Muli, jederzeit bereit, die hohe Frau und das Kind buckelkrax über den Berg nach Ägypten zu tragen; ja, und schließlich auf die Streu gebettet, das Kind selber mit seinen prallen Bamsenbackerln und so fasernackert, wie es auf die Welt gekommen ist. Weitum im Gäu hättst so ein Wunderwerk suchen müssen, es wär, mir nix dir nix, kein Kripperl, gleich dem in der Barockkirch' von Atzlbach, zu finden gewesen.
Sind auch ganz extrige Holzmanndln, vor einer Handvoll Jahrhundert dem Schnitzmesser eines verflixten Tausendsassas entsprungen, von dem auch die Anna Selbdritt sowie die geschneckelten Voluten und das reiche Gerank an den Altären stammen, was wenigstens die gescheiten Herren in der Stadt behaupten, wo das Wissen um die Vergangenheit im Hosensack haben.
Nachdem der Mesner Flori den Gloria-Engel mit den weit gespreizten Flügeln noch die Botschaft von einem Nagelfluhfelsen herunter hat verkündigen lassen, hat er das elektrische rote Hirtenfeuer entzündet und nochmals einen wohlwollenden Blick auf seine kunstvolle Menschwerdung geworfen. Mit einem »guat is« hat er sich persönlich Beifall gezollt und versöhnt seinen Binkel an der Stirn gerieben. Es ist ihm ein weidliches Vergnügen gewesen, sich vorzustellen, dass anderntags beim Rorate, beim Engelamt, sich die Bauernleut und die kleine Butzlwar wischpernd herandrängen werden, voller Freud' und Andacht.
Wie der Flori dann noch den spannenlangen wächsernen Kapuziner an die Seite hingestellt gehabt hatte, der bei jedem

spendierten Zehnerl, aber auch bei Hosenknöpfen, »Vergelt's Gott« nickt, ist er, an den Kniebänken entlang, durch die Sakristei hinaus und hinüber zum Oberbräu gehatscht. Erzeugt halt die Erschaffung so einer biblischen Szene einen redlichen Durst, der sich aber mit einem oder mehr Haferln Klosterbier stillen lässt.
Tags darauf, in aller Herrgottsfrüh, dieweil es noch stockfinster in Atzlbach war und die ersten Gockel gekräht haben, ist aber auch schon der Teufel los gewesen, und das justament in der Kirche beim Engelamt. Wie allweil hatten sich die Gläubigen beim Hereinkommen schon an ihr vielgeliebtes Kripperl herangedrängt wie das Bienenvolk an seine Königin. Das anfängliche Gewisper hat jedoch gleich in ein wachsendes Murren umgeschlagen, weil die gache Stimm vom Mesner Flori allen schreckhaft in die Glieder fuhr: »Kreuzbirnbaumhollerstaudn! Wo isn as Christkindl hikemma? Schaugts hi, Leut, dees is verschwundn – geraubt! Dabei hab i 's geschting, auf Ehr' und Seligkeit, feinsäuberli da einiglegt. Furt is!« Pfeilgrad, die Hauptperson unter den weihnachtlichen Figürln, ausgerechnet der Mittelpunkt fehlt! Der Herr Pfarrer, vom stocknarrischen Mesner Flori zur Verstärkung angefordert, versucht den flammenden Zorn seiner Gemeinde zu dämpfen.
Die einhellige Empörung überstürzt sich und macht sich kräftig Luft. Aus solchen Stimmungen heraus müssen Kreuzzüge entstanden sein. »Dees is a himmischreiende Sünd'!« – »Zeiten san dees!« – »Für so an gottslästerlichen Diab gibt's bloß oans: Aufhänga!« – »Aufhänga? An Menschen derf ma doch deswegn net wia a frischbürstelte Bettwasch behandeln!« So und ähnlich rät der Herr Pfarrer zu vermehrter christlicher Sanftmut. Trotzdem kehrt auch sein Blick immer wieder zur heiligen Mutter Maria zurück, die ganz desperat auf die leere Streu hinstarrt, während der Nähr- und Pflegevater Josef ausschaugt, als ob er die ganze Nachbarschaft der Hirten zu Hilf' bittert.
»Bals nur net in Wirklichkeit verschwindt, as Christkindl – unter der Menschheit, a so moan i.« Mit diesen hintersinni-

gen Worten des Herrn Pfarrer haben sich nur etliche wenige abfinden lassen. Die Ermahnung konnte nicht verhindern, dass sich die Hälse der Beter, auch als man längst schon mitten im Rorateamt beim Paternoster war, alle daumenlang verstohlen nach dem Ort der Untat umdrehten. Im martialischen Schlussgesang von »Tauet, Himmel, den Gerechten...« ist so ein Unterton mitgeklungen, der sichtlich die Wiederkunft des Erlösers in der Gestalt der abhandengekommenen Kripperlfigur betraf.

Mit der aus dem Portal hinausquellenden Menge der Kirchenbesucher hat sich auch das Ungeheuerliche, die bis zum Vorwurf des Sakrilegs gesteigerte Kunde, schnell im Dorf verbreitet. Vermutungen und Verdächtigungen sind umgegangen. Der schnauzbärtige Gendarm, glückselig, endlich einmal ein Verbrechen verfolgen zu können, hat auf mehreren Seiten eine Meldung in Amtsdeutsch gedrechselt, um sie anschließend sofort persönlich mit dem Radl in die Kreisstadt zu bringen.

Als er bei der Rückkunft, strahlend vor Pflichterfüllung, vom Sattel stieg, ist auch das geschnitzte Christkindl mit seinen prallen Bamsenbackerln bereits wieder friedlich im Kripperl gelegen – aber nicht mehr fasernackert, sondern wacherlwarm in einen Fleck eingehüllt, dazu kreuzweis verschnürlt mit einer Rüscherlborte, sodass von dem winzigen Fatschenkindl nur mehr das Nasenspitzl herausschaute. Das heilige Elternpaar zu beiden Seiten hat jetzt einen ganz und gar glückseligen Eindruck gemacht, als wär nichts, aber schon rein gar nichts passiert gewesen. War demnach alles wieder eingerenkt in dieser rätselhaften Geschichte.

Hinter die eigentliche Ursach' ist, geklagt sei es, nicht einmal der eifrige Hüter des Gesetzes gekommen. Bloß der Herr Pfarrer hat es erfahren, seinerzeit, als ihn das Veverl, das fünfjährige Töchterl der Störnahterin, an der Soutane gezupft hat: »Gell du, Herr Hochwiern, jetza ko as Kindl koan Schnupfen nimmer kriagn in der kalten Kirch'. Hab eahm a mollige Windel verschafft, war dees best Tuachert, wo i derwischt hab, verstohlns, woaßt, von meiner Muatta. Is bloß a kloana Zwickl gwen – aus'm Burgermoasta seiner Lodenkotzn. Der werd scho net derfriern deszwegn. Und der Herr Jesus is gwiss net weniger wert. Tuast mi aber net verratschn, gell! Versprichst ma dees?« Da hat der Herr Pfarrer schmunzeln müssen, indem er dem Veverl übers Zöpferlhaar streichelte. »Guit, i schlag ei!«, hat er gesagt. »Hat ja auch der heilige Martin am Arma sogar sein halberten Mantel gebn. Woaßt, für mi is dees a Beichtgeheimnis und fürn Bürgermoasta a Amtsgeheimnis!« Drum hat seither in Atzlbach das Gemeindeoberhaupt eine Kotzen, die wo schon als neuer ausgestückelt war, und das Kindl im Kripperl hat dafür eine lodene Windel.

Hanns Vogel

Worüber das Christkind lächeln musste

Als Josef mit Maria von Nazareth her unterwegs war, um in Bethlehem anzugeben, dass er von David abstamme, was die Obrigkeit so gut wie unsereins hätte wissen können, weil es ja längst geschrieben stand – um jene Zeit also kam der Engel Gabriel heimlich noch einmal vom Himmel herab, um im Stalle nach dem Rechten zu sehen. Es war ja sogar für einen Erzengel in seiner Erleuchtung schwer zu begreifen, warum es nun der allererbärmlichste Stall sein musste, in dem der Herr zur Welt kommen sollte, und seine Wiege nichts weiter als eine Futterkrippe. Aber Gabriel wollte wenigstens noch den Winden gebieten, dass sie nicht gar zu grob durch die Ritzen pfiffen, und die Wolken am Himmel sollten nicht gleich wieder in Rührung zerfließen und das Kind mit ihren Tränen überschütten, und was das Licht in der Laterne betraf, so musste man ihm noch einmal einschärfen, nur bescheiden zu leuchten und nicht etwa zu blenden und zu glänzen wie der Weihnachtsstern.
Der Erzengel stöberte auch alles kleine Getier aus dem Stall, die Ameisen und Spinnen und die Mäuse, es war nicht auszudenken, was geschehen konnte, wenn sich die Mutter Maria vielleicht vorzeitig über eine Maus entsetzte! Nur Esel und Ochs durften bleiben, der Esel, weil man ihn später ohnehin für die Flucht nach Ägypten zur Hand haben musste, und der Ochs, weil er so riesengroß und so faul war, dass ihn alle Heerscharen des Himmels nicht hätten von der Stelle bringen können.
Zuletzt verteilte Gabriel noch eine Schar Engelchen im Stall herum auf den Dachsparren, es waren solche von der kleinen Art, die fast nur aus Kopf und Flügel bestehen. Sie sollten ja auch bloß still sitzen und achthaben und sogleich Bescheid geben, wenn dem Kinde in seiner nackten Armut etwas Böses drohte. Noch ein Blick in die Runde, dann hob der Mächtige seine Schwingen und rauschte davon.

Gut so. Aber nicht ganz gut, denn es saß noch ein Floh auf dem Boden der Krippe in der Streu und schlief. Dieses winzige Scheusal war dem Engel Gabriel entgangen, versteht sich, wann hatte auch ein Erzengel je mit Flöhen zu tun! Als nun das Wunder geschehen war, und das Kind lag leibhaftig auf dem Stroh, so voller Liebreiz und so rührend arm, da hielten es die Engel unterm Dach nicht mehr aus vor Entzücken, sie umschwirrten die Krippe wie ein Flug Tauben. Etliche fächelten dem Knaben balsamische Düfte zu und die anderen zupften und zogen das Stroh zurecht, damit ihn ja kein Hälmchen drücken oder zwicken möchte.
Bei diesem Geraschel erwachte aber der Floh in der Streu. Es wurde ihm gleich himmelangst, weil er dachte, es sei jemand hinter ihm her, wie gewöhnlich. Er fuhr in der Krippe herum und versuchte alle seine Künste und schließlich, in der äußersten Not, schlüpfte er dem göttlichen Kinde ins Ohr.
»Vergib mir!«, flüsterte der atemlose Floh, »aber ich kann nicht anders, sie bringen mich um, wenn sie mich erwischen. Ich verschwinde gleich wieder, göttliche Gnaden, lass mich nur sehen, wie!« Er äugte also umher und hatte auch gleich seinen Plan. »Hör zu«, sagte er, »wenn ich alle Kraft zusammennehme, und wenn du stillhältst, dann könnte ich vielleicht die Glatze des heiligen Josef erreichen, und von dort weg kriege ich das Fensterkreuz und die Tür …«
»Spring nur!«, sagte das Jesuskind unhörbar, »ich halte stille!« Und da sprang der Floh. Aber es ließ sich nicht vermeiden, dass er das Kind ein wenig kitzelte, als er sich zurechtrückte und die Beine unter den Bauch zog.
In diesem Augenblick rüttelte die Mutter Gottes ihren Gemahl aus dem Schlaf.
»Ach, sieh doch!«, sagte Maria selig, »es lächelt schon!«

Karl Heinrich Waggerl

's Lämmle und 's Chrischtkendle

I bi als klois Büable em easchta und zwoita Schualjauhr oft zum Schäfer ganga, der em Hörbscht und Winter auf de Wiesa, dia an eiser Haus agrenzt hant, d' Schof ghüatat und da Pferch ghet hat. Manchmal hat 'r mir sein alta, schwaza Huat aufgsetzt, sei Schipp en d' Hand druckt und gsait: »So, iatz bischt du dr Schäfer!« Dr Barri, sei Hond, deam i öfters amal a Wurschthäutle mitbrocht hau, hat au auf mei Kommando gfolgt.
Em sella Dezember, isch a paar Tag voar Weihnächta z'mol a klois Lämmle neaber ma groaßa Schof rumghupft. – »Guck, Bua, 's Chrischtkendle hat heit Nacht dös kloi Mähle brocht!« – »'s Chrischtkendle?!«, han i da Schäfer ugläubig aguckat, »'s Chrischtkendle kommt doch eascht nächschte Wuch!« – Dös kloi Lämmle hau i auf da Arm nemma und streichla derfa, und 's liabscht wär mir gwea, wenn i 's hätt mit hoimnehma könna.
»Schäfer, isch dös wauhr ..., bringt 's Chrischtkendle d' Lämmla?« I hau eahm koi Ruah meha glau. – »Woischt, Bua ..., ganz wauhr isch dös it, aber 's Chrischtkendle köt au Lämmle bringa, wenn 's meacht!« – »Wenn 's aber it meacht?!« Dr Schäfer isch verleaga wora, hat romgstottrat und gmoit: »Woisch, d' Muatter von deam Lämmle isch mit'm Hammel spaziera ganga, ja ..., und nau ...« – »Was, nau?« – »Nau hant se sich gmögt, und nau ... nau hat 's Chrischtkendle eahne 's Lämmle gschenkt.«
Daumals, hau i en meim Weihnächtskripple bloß fünf Schof und koin Hammel und koi oizigs Lämmle ghet. Dia Gschicht, dös Verzöhlte von eiserem Schäfer, dass dr Hammel spazieragauh und a Schäfle möga muaß, isch mir it aus'm Kopf ganga.
Dr Heiner, mei Freind, hat en seim Kripple viel Schäfla, Lämmla und en Hammel mit rabogane Hoara ghet. – I hau eahm dia Gschicht vom Schäfer verzöhlt. Begriffa hat er se no weaniger

wia i. Und auf mei Bitt, ob i meine Schäfla a Nacht lang in sei Kripple neistella derf, zua seim Hammel, hat 'r gmoint: »Mir isch dös gleich.«
Am Heiliga Aubad hat mir d' Mama beim Aufstella vom Kripple gholfa. »Da Schäfer hant mir gfunda, aber koine Schäfla, Papa, woischt du, wo dös Schächtle mit de Schäfla sei köt?«, hat se en d' Kuche nausgruafa. Vom Papa, der se beim Rasiera grad gschnitta hat, isch als Antwort gkomma: »Bei eis findt ma doch nia ebbes!« – »Iatz Büable, überleg doch, wo dia Schäfla-Schachtel nagraumat hascht«, hat d' Mama allweil wieder auf mi neigschwätzt. I muaß en roata Kopf gkriagt hau, weil d' Mama mei Hiara aglangat und gsait hat: »I glaub, eiser Büable hat Fiaber!« – »Ihr zwoi send it ganz bacha!« hat dr Papa aus dr Kuche rausbrommlat, »wenn ma dia Schäfla fürs Kripple it hat, wead 's Chrischtkendle da Weag zua eisrem Bua trotzdeam finda!«
's Chrischtkendle hat am sella Heiliga Aubad da Weag gfunda und mir schöane Spielsacha unter da Chrischtbaum glegt. Beim Mola em nuia Molbuach und beim Blosa auf dr sehnsüchtig gwünschta Blockflöt muaß mei von dr Mama agnommes Fiaber wieder wegganga sei.
Um zehna rom, isch 's Büable selig unterm Christbaum eigschlofa. Au am Weihnachtsmorga hat's it glei an seine Schäfla denkt.
Mir hant grad en d' Kirch gau wölla, wia dr Heiner en eiser Stub reiplatzt isch: »Dau hasch deine Schäfla, Lämmla hant se koine gkriagt, au wenn i da Hammel z'mittlescht neigstellt hau!«
D' Mama hat mi aguckat, dr Papa d' Mama. Nau hau i halt dia Gschicht vom Schäfer verzöhlt, dass d' Schof en Hammel brauchat und dass se sich möga müassat, wenn na 's Chrischtkendle a Lämmle schenkt.
Iatz hat auf amal dr Papa en roata Kopf gkriagt. D' Mama hat glachat, isch mir über mein schwaza Wuschelkopf gfahra und hat gsait: »Was hant mir füa a Büable!«
I hau em Jauhr drauf innawora, dass de kloine Lämmle it 's

113

Chrischtkendle schenkt, dass dia alloi vom Möga zwischem Muatterschof und Hammel auf d' Welt kommat. Und weil dr Schäfer auf meine Frauga hat nomma verleaga wera und romstottra hat müassa, send mir no größre Freind wora.
D' Liab zua de Schof isch mir a leabalang blieba, und en meim iatziga Kripple hupft voar em Jesuskendle a Lämmle, grad so ois wia daumals auf de Dorfwiesa, wo i em Schäfer sei groaßer Freind gwea bi.

Robert Naegele

24. Dezember oder: Irgendetwas vergessen

Heit, mei Liaba,
da hoaßt's für mi nomoi hetzn,
scho in aller Friah
mit'm Wagn in d' Stadt neiwetzn!
Frischn Lachs bsorgn
und aa no an 'n Kaviar denga,
weil uns d' Weißwürscht
langsam scho zum Hois raushänga.
Am Portier, dem Huaba,
a paar Flaschl gebn,
sonst duad der mein Parkplatz
nimmer mir aufhebn.

Dann de Hocker abhoin,
die für d' Kellerbar,
weil da Schreiner
gestern no ned fertig war.
Und zum Friedhof
schnell no mit am Bäumerl naus.
Die Verwandtschaft
richt uns sonst ned wenig aus!
Am Paketpostamt
da Tant ihr Packl hoin.
Da kost d' Fahrt scho mehra
ois ihr ganzer Stoin.

Bei der Hetz kumm i
zu gar koam Mittagessn.
Trotzdem moan i oiwei,
i hätt was vergessn.

Halt, jetz kummt's ma –
helfts ma gschwind no auf sein Nam! –
Heit muaß irgendwer
aa no Geburtstag ham.

Franz Freisleder

Oh du fröhliche

Der Morgen des Heiligen Abends war angebrochen. Welch eine wundersame Frühe, dachte der Mann, als er sich vor dem halbblinden Spiegel rasierte. Schneid di net, rief die Frau aus der Küche herüber, sonst schaust bei der Bescherung wieder aus wias Hackfleisch vom Metzger Röhrl! I wer mi scho net schneidn, brummelte der Mann und schnitt sich, kaum gesagt, in die linke Backe. Schnell, Frau, hol an Blutstiller aus'm Apothekerkastl, jammerte er.
Gib obacht auf'n Teppich, dass d' 'n net versaust, zeterte sie dawider. Sie eilte mit dem Stift herbei, rammte ihn in die Wunde, dass er aufschrie, und klatschte ihm ein Pflaster auf die Wange. Wer nicht hören will, muss fühlen, sagte sie.
Die Wunde brannte höllisch. Hast wenigstens an Baam scho aufputzt, fragte der Mann verbittert.
Welchn Baam?
Ja unsern Baam halt!
Du bist scho guat!
Du hastn also net aufputzt?
Ja.
Wos ja?
Nix ja, naa!
Alles bleibt an mir hänga, zwiderte der Mann. Zerst schneid i mi, und dann soll i aa no an Baam aufputzn. Hoffentlich hast de Gschenka alle beinand, zum Beispui des fürn Hausmoasta.
Da Hausmoasta kriagt heier nix.
Hat aber immer was kriagt.
Hat er an Hahn repariert?
Vorigs Jahr hat er a Rasierwasser kriagt.
Hat er 'n repariert?
Und vor zwoa Jahr Zigarillos.
Und desmoi kriagt er an nassn Staub. Tag und Nacht hat er tröpfet, da Wasserhahn, drei Wocha lang. Mit aufghobne Händ

hab i bitt und bettlt. Aber naa, da Installateur hat kumma müaßn. Weilst ja du nix konnst! Bloß schnein konnst di!
Und was is's mit dir? Hast überhaupt d' Weißwürscht bstellt?
Jessas, des hob i vor lauter Abhetzn glatt vergessn!
So is 's recht! Vergisst sie d' Weißwürscht. A Hirn wiara Spatzlseiher! Jetz kemma Ölsardinen essn am Heilign Abend!
Draußen läutet es. Es ist der Hausmeister. Zwengs am Hahn waar i da, sagt er.
Herr Reiser, antwortet ihm die Frau in spitzem Hochdeutsch, nun ist es zu spät. Ein Installateur hat den Schaden bereits für teures Geld behoben.
Des macht nix, meint der Hausmeister und schwingt seine Zange, i schaug trotzdem nach. Er dringt ohne Weiteres in die Wohnung ein.
Ja da Herr Reiser, begrüßt ihn der Mann, wolln S' a Zigarrn? Ach so, zweng dem Hahn? Den hab i scho lang selber repariert, a Kleinigkeit war des.
Freili, sagt der Hausmeister und grinst. Aber sagn S' amal, was ham S' denn da für a Trumm Pflaster im Gsicht?
Wissn S', höhnt die Frau, mein Mann is ja so gschickt. De Fleischwundn im Gsicht hat er sich aa selber beibracht!
Oh du fröhliche, sagt der Hausmeister. Und da ist auf einmal der Bann gebrochen. Der Mann lächelt, geht zum Schrank und drückt dem Hausmeister eine Flasche Schnaps in die Hand, die Frau eilt zum Metzger Röhrl und bekommt acht herrliche Weißwürste, die allerletzten, und wie sie zurückkommt, haben die beiden Männer den Christbaum aufgeputzt.
Der Morgen des Heiligen Abends ist vorbei. Der Abend des Heiligen Abends kann kommen. Friede den Menschen auf Erden, die eines guten Mundwerks sind!

Herbert Schneider

Arme Nachbarn

As Christkind bei Familie Schmieder:
Wia jeds Jahr war's aa heier wieder.
Die »Stille Nacht« aus da CD
ghert längst dazua, klingt wunderschee.
Mim Liad, da is no ned ganz Schluss,
moant doch da kloane Filius:
»Gell Babba, wenn i so vergleich.
san mir aber scho ganz schee reich.«
Verwundert hört da Vatta zua
und fragt: »Wia kummst jetz da drauf, Bua?«
Prompt folgt dann aa glei die Erklärung:
»Nebn uns, da war grad scho Bescherung.
Und i hab's ghört: Beim Einerdinger,
da müaßn s' glatt no selber singa.«

Franz Freisleder

Heilige Nacht

Dass sich Herr Pacherer immer selbst gleichblieb, das nannte er Charakter. Der Jahreszeiten Wechsel vermochten ihn nicht zu ändern. Er vertauschte nur die Lüsterjacke mit dem Winterüberzieher und blieb der Stammgast seines Gleichgewichtes. Nur die großen Feste des Kalenders setzten ihn unter Überdruck. Auch hier blieb er Josef Pacherer – aber im Quadrat, sozusagen hundertfünfzigprozentig ...
Und wiederum nahte die fröhliche Weihnachtszeit. Engelhaar glitzerte aus den Schaufenstern, in den Küchen roch es nach Zimt und Marzipan – und an den Straßenecken wuchsen Tannenbäume aus dem Asphalt hervor. Mit Pulswärmer, Ohrenschützer und Pelzmütze bekleidet, schritt Josef Pacherer durch den Christbaumwald. Er schaute nicht mit offenen Augen, er blinzelte nur beobachtend und messend. Denn Weihnachten war ihm kein Wunder – sondern »alle Jahre dasselbe ...« Aber trotzdem stellte er die Forderung, dass dies Fest heuer besonders fröhlich gefeiert werden müsse.
»... was kost't denn die verkrüppelte Stauden ...?«, fragte er, auf eine stolz gewachsene Tanne deutend.
»... drei Mark fünfzig, Herr ...!«
Josef Pacherer aber wurde vor diesem Preis zum Erbförster seiner Gefühle und schritt vorüber. Und bis zum Abend hatte er so alle Haine und Forste der inneren Stadt durchwandert, geschätzt und gemessen. Er duftete schon nach Wald – und wenn man seine Füße in ein Christbaumbrett eingebohrt hätte, wäre er selbst eine Art Edeltanne gewesen.
Weit draußen in der Vorstadt erstand er endlich eine kleine Fichte zum Preise von fünfundsiebzig Pfennig. Sie war nicht die Schönste im ganzen Lande. Aber Herr Pacherer fand sie prächtig genug, um eine besonders stimmungsvolle heilige Nacht zu versinnbildlichen.
Am letzten Tag gedachte er auch liebevoll des Dienstmädchens und kaufte ihr zum Feste zwei Paar Schuheinlagen, einen Kar-

ton Briefpapier nebst einer Meerschweinchensparbüchse. Jetzt konnte die feierliche Nacht kommen – so still und heilig, wie sie nur wollte. Herr Pacherer verbrachte, sich auf das Wunder geziemend vorbereitend, die letzten Stunden mit der Lektüre des Handelsteiles. Und genau fünf Minuten vor dem großen Augenblick versammelte er seine Familie um sich, runzelte die Stirne und sprach:
»Also, diesmal wird's besonders fröhlich ... das bitt i mir aus! Jedes kann sich freuen, soviel es grad will! Aber Rührseligkeiten kann i net vertragen! Net, dass wieder eins vor lauter Freud's Weinen anfangt. Lachen könnt's grad gnua! Aber alles mit Maß und Ziel ... denn darum schreibt sich diese Nacht eben – still und heilig.«
Frau Pacherer schlich nur mehr auf den Fußspitzen durch die Zimmer, das Dienstmädchen wagte nicht mehr, die Wasserleitung aufzudrehen, und die Kinder bemühten sich – das Atmen einzustellen.
Jetzt begab sich Herr Pacherer in das weihnachtliche Zimmer und schwang die Almglocke durch den kerzenhellen Raum: »Das Christkind ist gekommen!«
Wie durch eine Wiese mit versteckten Legbüchsen schritt die Familie dem strahlenden Lichte entgegen. Es duftete nach Stearin, Schwefelhölzern und Bruchschokolade.
»Aaaah ..!«, sagten alle, wie Teddybären, wenn man sie auf den Bauch drückt.
»So hell war's noch nie!« hauchte die kleine Fanny. Und sie hatte nicht so unrecht, denn der Vater hatte dieses Jahr drei Kerzen mehr gekauft.
»Ludwig, jetzt sag dem braven Christkindl dein Weihnachtsgedicht auf!«, befahl der Vater.
Und schon ertönte eine Kinderstimme wie Schlittengeläute. Sie erzählte von Hirten auf dem Felde, die den Engel fragten, was der Stern – –?
»Halt! Nach jedem Beistrich muss der Ton in der gleichen Höhe bleiben und wenn a Fragezeichen kommt, dann – –«, rief der Vater dazwischen.

… Der Stern des Gedichtes wies auf einen Stall hin, Ochs und Eselein gaben ihren Hauch …
»Dös kann i gar net hören! Mach an Punkt – runter mit'm Tonfall! … Hör auf …! Jetzt hab i schon gnua …!«
»Vater, aber die Heiligen Drei Könige lass halt noch aufsagn!«, schlug die Mutter vor.
»Schluss! Wer im Leben koa Fragezeichen und koan Beistrich und koan Punkt lernen will, dem helfen auch koane hundert heiligen Dreikönig zu a sicheren Existenz!«
»Solln wir dann 's Grammophon spieln lassen …?«
»– – Von mir aus! Aber nimm a laute Nadel, damit 's wieder fröhlich wird!«, brummte Herr Pacherer.
Und der Apparat begann zu musizieren und zu singen.
»Da schaut's, Kinder, da sind euere Geschenke!«
»… dös sind ja nur unsere alten Spielsachen …!«
»Aber riecht's nur dran! 's Christkindl hats' ganz frisch angstrichen – –«
»Und bei meiner Puppen fehlt a Aug!«
»Ja, mei …! 's Christkindl muss in dieser Nacht zu so viel Kinder fliegn … da hat's halt amal a Trumm verloren!«
Inzwischen starrte Pacherer überrascht ins Gezweige des geschmückten Baumes: »Wo sind denn die neuen Eiszapfen her?«
»Die hab ich gekauft … das Dutzend vierzig Pfennig …«, erläuterte Frau Pacherer den Sachverhalt.
»So …! Und ich hab auch Eiszapfen gsehen … das Dutzend für fünfundzwanzig Pfennig – und hab s' net kauft …«
»Vater, ich hab geglaubt: das *Christkindl* hat alles bracht?«, rief Ludwig dazwischen.
»Sei staad! … das ist eine Differenz von fuchzehn Pfennig. So wird bei uns gwirtschaft!«, schrie der Pacherer in heiligem Zorn auf.
»… alles schläft, einsam wacht …«, spielte das Grammophon.
»Wegen der fünfzehn Pfennig brauchst du dir net die schöne Stimmung verderben, Vater …!«, versuchte Frau Pacherer zu dämpfen.

»... Verderben? Mach mi nur net narrisch! Wer lauft denn seit acht Tag in der Stadt umanander?«
»... nur das traute, hochheilige Paar ...«, sang die Platte.
»Wer hat den Baum kauft? Ich! Jawohl – ich!«
»Vater, z'erst habts gsagt: ›'s Christkindl hat's gemacht ...!‹«
»... holder Knabe im lockigen Haar ...«, jubilierte die Platte.
»Und jetzt tät ich aa noch die Fröhlichkeit verderben? Guate Lust hab i ... und schmeiß den ganzen Christbaum zum Fenster naus ...«, schrie der Pacherer und hatte auch schon die angekündigte Lust dazu. Jäh griff er ins Gezweige und schon – –
»Vater ...! Ich bitt di schön ... Vater!«
– – Und schon flog der strahlende Christbaum gegen das Fenster, verfing sich in den Vorhängen und – –
»... schlafe in sü--üßester Ruh ...«, spielte weiter die Platte.
– – Und jetzt brannte die Gardine heller als alle Christbäume der Stadt auf – –
»Jessasmariaundjosef ...! Marie, telefonieren S' sofort!«, schrie Frau Pacherer.
»... schla-afe in sü--ü--üßester Ruuuuh--uh ...!« verklang aus dem Apparat das schöne Lied.
Die Vorhänge flackerten lichterloh auf, das Weihnachtszimmer war tausendkerzenhell – und wenn unten nicht ein Löschwagen der Feuerwehr angeklingelt wäre, hätte die Nachbarschaft glauben können, dass Herr Pacherer mit den Seinen wirklich das strahlendste Fest im ganzen Stadtviertel feiert.

Ernst Hoferichter

Das Jesukind

Mütterchen spricht:
»Als die Hirten am Felde waren,
Schien vom Himmel ein helles Licht,
und sie sahen der Engel Scharen.

Aber im Stall
War derweil das Wunder geschehen,
Und es kamen von überall
Viele Leute, das Kind zu sehen.

Aber wie arm
Lag das Kindlein auf Stroh gebettet!
Lag das Kindlein – dass Gott erbarm! –,
Welches später die Welt gerettet.«

»Mütterchen, sag,
Lag es denn nicht in einer Wiegen?
Musste es an dem kalten Tag
Bis vom Himmel herunterfliegen?«

»Freilich, mein Kind,
Nackend, wie es die Hirten fanden.
Und ein Ochs und ein Es'lein sind
In dem Stalle dabei gestanden.«

Rührung ergreift,
Atemlose, die Kinderherzen.
Eine Ahnung hat sie gestreift
Von der Armut bitteren Schmerzen.

Aber Papa
War kein Freund von den alten Mären,
Denn er glaubte, sie seien da
Für die niedern Gesellschaftssphären.

»Höret doch nur«,
Sprach er zu den weinenden Knaben,
»Bei der dortigen Temperatur
Kann das Kind nicht gefroren haben.«

Ludwig Thoma

Weihnachtsgrüße

12. Dezember
Auf meine Weihnachtskartn,
da kennan s' heier wartn.
I schreib koa mehr. Punkt. Schluss.
Für mi is des a Stuss,
a Kaas, a Krampf, a oida Zopf,
so unnütz grad ois wiar a Kropf.
Wo s' doch bei dene, die wo s' kriagn,
glei wieder in 'n Papierkorb fliagn.

23. Dezember
Des is ma jetz glei z'wider:
Da schreibt uns doch der Frieder,
du woaßt scho, der aus Essn.
Den hab i glatt vergessn.
Kumm, schaug di hoid a bissl um!
Liegt ned no wo a Kartn rum?
Und wenn i s' glei zum Postamt trag,
dann hat er s' – nach 'm Stephanstag.

27. Dezember
Du, hast as gspannt: Vom Meier
koa Weihnachtskartn heier.
Dem samma wohl – der is so gschert –
des bissl Porto nimmer wert!

      Franz Freisleder

Vorbei

Weihnachten vorbei,
hoamganga, de drei,
Stille Nacht verrauschd,
Gschenga umdauschd,
Englgsang verklunga,
Verwandtschaft nausgwunga,
Christbaam obgraamd,
Wunschdraam ausdraamd,
letzda Dog frei –
Weihnachtn vorbei.

Sieglinde Ostermeier

Quellen

Wolfgang Johannes Bekh: *Hindernisse auf dem Weg zur Krippe* aus: Kripperl-Geschichten. Hrsg. von Helmut Zöpfl. Dachau 2003.

Theodor Fontane: *An Emilie* aus: Ders.: Gedichte. Hrsg. von Joachim Krueger und Anita Golz. Bd. III: Gelegenheitsgedichte, Hamletübersetzung, Dramenfragmente. © 1989 Aufbau-Verlag, Berlin.

Franz Freisleder: *Von einem, der sich auf Weihnachten freut; Vorweihnachtliche Signierstunde eines bayerischen Poeten; 24. Dezember oder: Irgendetwas vergessen* und *Weihnachtsgrüße* aus: Ders.: Da menschelt's narrisch. © 1999 Rosenheimer Verlagshaus GmbH & Co. KG. – *Vorweihnachtliche Grippewelle* aus: Ders.: Apropos. München 1971. – *Christkindlmarkt* aus: Alfons Schweiggert (Hrsg.): Auf dem Christkindlmarkt. Geschichten und Gedichte aus Bayern. Dachau 2005. – *Herbergsuche oder: Dreimal Wohnungsnotstand* aus: Aber heit is's kalt. Mit Herbert Schneider und Josef Wahl durchs winterliche München. Dachau 2007.

Günter Goepfert: *Kopfüber in den Sack* aus: Ders: Das bayrische Bethlehem. Dachau 1996. – *Die Rau(sch)nacht des Alois Silbernagel* aus: Ders.: Wenn die Kerzen brennen. Dachau 1987.

Harald Grill: *Nach der Arbeit* aus: Es geschah zur Nacht. Hrsg. von Helmut Zöpfl. München 1992.

Ernst Hoferichter: *Heilige Nacht* aus: Ders.: Bayrischer Jahrmarkt. München 1959.

Maria Jelen: *In letzter Minutn* aus Dies.: Das lebendige Christkind. Dachau 2000.

Leopold Kammerer: *Alles, was recht is* aus: Weihnachten mit Leopold Kammerer. Dachau 1992.

Annemarie Köllerer: *De kloane Naschkatz* aus: Dies.: Paradeislzeit. Dachau 2004. – *De staade Weihnachtsfeier* und *'s Christbaamkaffa* aus: Annemarie Köllerer und Elfie Meindl: A kloans Liacht kimmt auf. Dachau 2007.

Georg Lohmeier: *Der kleine Weihnachter* aus: Es geschah zur Nacht. Hrsg. von Helmut Zöpfl. München 1992.

Jutta Makowsky: *Adventskerzen* aus: Dies.: Nikolaus und Weihnachtsmann. Dachau 2002. – *Backzillus liegt in der Luft* und *Hosenhanna, Davids Sohn* aus: Dies.: Ein Teuferl am Christbaum. Dachau 2010.

Elfie Meindl: *Unser Weihnachtsspiel* aus: Elfie Meindl und Heinrich Ludwig: Der Weihnachtsschneemann. Dachau 1998.

Robert Naegele: *'s Lämmle und 's Chrischtkendle* aus: So viel Licht. Hrsg. von Werner Simon und Stefan Wilfert. Dachau 1999.

Sieglinde Ostermeier: *Kalenderadvent* und *Vorbei* aus Dies.: Koa Zeit für Engl. Dachau 1998.

Günter Renkl: *Die Schule der Nikoläuse* aus: Ders.: Einwärts geht's. Dachau 1985.

Werner Schlierf: *Weihnachtslesungen* aus: Ders.: Münchner Vorstadt. Dachau 1996.

Herbert Schneider: *Oh du fröhliche* aus: Aber heit is's kalt. Mit Herbert Schneider und Josef Wahl durchs winterliche München. Dachau 2007.

Helmut Seitz: *Adspend* aus: Ders.: Lauter Gereimnisse. Spaßgedichte über Menschen, Gott und die Welt. Turmschreiber Verlag, Husum 2000.

Bernhard Schulz: *Pfeffernüsse soviel ihr wollt* aus: Es geschah zur Nacht. Hrsg. von Helmut Zöpfl. München 1992.

Sigi Sommer: *Kripperlmarktbericht* aus: Kripperl-Geschichten. Hrsg. von Helmut Zöpfl. Dachau 2003.

Ludwig Thoma: *Das Jesukind* aus: Ders.: Gesammelte Werke in 6 Bänden. München 1968.

Hanns Vogel: *Wias Christkindl von Atzlbach verschwunden is* aus: Ders.: Von Niklo bis Dreikini. Dachau 1982.

Karl Heinrich Waggerl: *Worüber das Christkind lächeln musste* aus: Weihnachten mit Oskar Weber. Dachau 1988.

Lieselotte Weidner: *A bsundana Mo* aus: Dies.: Kimm, staade Zeit. Dachau ^{5}2010. – *Zwoa Engl aus Holz* aus: Dies.: Christkind, zünd de Kerzn o. Dachau 2012.

Kurt Wilhelm: *Vorweihnachtsgrant* aus: Alfons Schweiggert (Hrsg.): Auf dem Christkindlmarkt. Dachau 2005. – *Niggelaus* aus: Heut kommt der Nikolaus! Hrsg. von Alfons Schweiggert. Dachau 2003.

Walter Zauner: *Der Christkindlmarkt-Experte* aus: Alfons Schweiggert (Hrsg.): Auf dem Christkindlmarkt. Dachau 2005.

Herausgeber und Verlag danken den Autoren und Verlagen herzlich für die Erteilung der Abdruckgenehmigungen. In Einzelfällen war es trotz gründlicher Recherchen nicht möglich, die Rechteinhaber ausfindig zu machen. Wir bitten diese, sich an die Verlagsanstalt »Bayerland« zu wenden.